U0348601

January 18, 1999

What do I consider my most important Contributions?

- That I early on—almost sixty years ago—realized that MANAGEMENT has become the constitutive organ and function of the Society of Organizations ;

- That MANAGEMENT is not "Business Management- though it first attained attention in business- but the governing organ of ALL institutions of Modern Society;

- That I established the study of MANAGEMENT as a DISCIPLINE in its own right;

and

- That I focused this discipline on People and Power; on Values; Structure and Constitution; AND ABOVE ALL ON RESPONSIBILITIES- that is focused the Discipline of Management on Management as a truly LIBERAL ART.

Peter F. Drucker

我认为我最重要的贡献是什么？

- 早在60年前，我就认识到管理已经成为组织社会的基本器官和功能；

- 管理不仅是"企业管理"，而且是所有现代社会机构的管理器官，尽管管理一开始就将注意力放在企业上；

- 我创建了管理这门学科；

- 我围绕着人与权力、价值观、结构和方式来研究这一学科，尤其是围绕着责任。管理学科是把管理当作一门真正的综合艺术。

彼得·德鲁克
1999年1月18日

注：资料原件打印在德鲁克先生的私人信笺上，并有德鲁克先生亲笔签名，现藏于美国德鲁克档案馆。为纪念德鲁克先生，本书特收录这一珍贵资料。本资料由德鲁克管理学专家那国毅教授提供。

彼得·德鲁克和妻子多丽丝·德鲁克

德鲁克妻子多丽丝寄语中国读者

在此谨向广大的中国读者致以我诚挚的问候。本书深入介绍了德鲁克在管理领域方面的多种理念和见解。我相信他的管理思想得以在中国广泛应用，将有赖于出版及持续的教育工作，令更多人受惠于他的馈赠。

盼望本书可以激发各位对构建一个令人憧憬的美好社会的希望，并推动大家在这一过程中积极发挥领导作用，他的在天之灵定会备感欣慰。

Doris Drucker

注：本页照片和多丽丝寄语原文与亲笔签名由彼得·德鲁克管理学院提供。

工业人的未来

[美] 彼得·德鲁克 著

余向华 张珺 译

The Future of Industrial Man

彼得·德鲁克全集

机械工业出版社

China Machine Press

图书在版编目（CIP）数据

工业人的未来 /（美）彼得·德鲁克（Peter F. Drucker）著；余向华，张珺译 .
—北京：机械工业出版社，2018.8
（彼得·德鲁克全集）
书名原文：The Future of Industrial Man

ISBN 978-7-111-60611-6

I. 工… II. ①彼… ②余… ③张… III. 工业经济－研究 IV. F4

中国版本图书馆 CIP 数据核字（2018）第 177287 号

本书版权登记号：图字 01-2005-4827

本书两面彩插所用资料由彼得·德鲁克管理学院和那国毅教授提供。封面中签名摘自德鲁克先生为彼得·德鲁克管理学院的题词。

工业人的未来

出版发行：机械工业出版社（北京市西城区百万庄大街 22 号 邮政编码：100037）
责任编辑：黄姗姗   责任校对：殷 虹
印 刷：北京文昌阁彩色印刷有限责任公司   版 次：2019 年 1 月第 1 版第 1 次印刷
开 本：170mm×230mm 1/16   印 张：14.75
书 号：ISBN 978-7-111-60611-6   定 价：59.00 元

凡购本书，如有缺页、倒页、脱页，由本社发行部调换
客服热线：（010）68995261 88361066   投稿热线：（010）88379007
购书热线：（010）68326294 88379649 68995259   读者信箱：hzjg@hzbook.com

版权所有·侵权必究
封底无防伪标均为盗版
本书法律顾问：北京大成律师事务所 韩光 / 邹晓东

如果您喜欢彼得·德鲁克（Peter F. Drucker）或者他的书籍，那么请您尊重德鲁克。不要购买盗版图书，以及以德鲁克名义编纂的伪书。

出版说明

　　彼得·德鲁克是管理学的一代宗师，现代组织理论的奠基者，由于他开创了管理这门学科，被尊称为"现代管理学之父"。他终身以教书、著书和咨询为业，著作等身，是名副其实的"大师中的大师"。德鲁克的著作思想博大深邃，往往在书中融合了跨学科的多方面智慧。本书是"彼得·德鲁克全集"系列著作之一，从初版到现在，历经沧桑、饱经岁月锤炼，尽管人类已经迈进了21世纪，经济形态由工业经济发展到了知识经济，但重温本书，读者仍能清晰地感觉到书中依旧非常贴近现实生活的一面，深刻体会到现今出版和阅读本书的意义和价值所在。书中大师许多精辟独到的见解，开理论认识之先河，跨时空岁月之局限，借鉴学习之意义不言而喻，但由于受当时时代背景、社会氛围、个人社会阅历、政治立场等方方面面的局限性，作者的某些观点仍不免过于体现个人主观认识，偏颇、围困之处在所难免，请读者在阅读时仔细斟辨，批判接受、客观继承。

如果说本书做到了思路清晰、形式完整，那么这一切都归功于我的妻子。本书谨献给我的妻子，希望她能发现自己所倾注的心血和精力没有白费。

| 目 录 |

功能正常的社会和博雅管理

为"彼得·德鲁克全集"作序

  享誉世界的"现代管理学之父"彼得·德鲁克先生自认为，虽然他因为创建了现代管理学而广为人知，但他其实是一名社会生态学者，他真正关心的是个人在社会环境中的生存状况，管理则是新出现的用来改善社会和人生的工具。他一生写了 39 本书，只有 15 本书是讲管理的，其他都是有关社群（社区）、社会和政体的，而其中写工商企业管理的只有两本书（《为成果而管理》和《创新与企业家精神》）。

  德鲁克深知人性是不完美的，因此人所创造的一切事物，包括人设计的社会也不可能完美。他对社会的期待和理想并不高，那只是一个较少痛苦，还可以容忍的社会。不过，它还是要有基本的功能，为生活在其中的人提供可以正常生活和工作的条件。这些功能或条件，就好像一个生命体必须具备正常的生命特征，没有它们社会也就不成其为社会了。值得留意的是，社会并不等同于"国家"，因为"国（政府）"和"家（家庭）"不可能提供一个社会全部必要的职能。在德鲁克眼里，功能正常的社会至少要由三大类机构组成：政府、企业和非营利机构，它们各自发挥不同性质的作用，每一类、每一个机构中都要有能解决问题、令机构创造出独特绩效的权力中心和决策机制，这个权力中心和决策机制同时也要让机构里的每个人各得其所，既有所担当、做出贡献，又得到生计和身份、地位。这些在过去的国家中从来没有过的权力中心和决策机制，或者说新的"政体"，就是"管理"。在这里德鲁克把企业和非营利机构中的管理体制与政府的统治体制统称为"政体"，是因为它们都掌握权力，但是，这是两种性质截然不同的权力。企业和非营利机构掌握的，是为了提供特定的产品和服务，而调配社会资源的权力，政府所拥有的，则是维护整个社会的公平、正义的裁夺和干预的权力。

在美国克莱蒙特大学附近，有一座小小的德鲁克纪念馆，走进这座用他的故居改成的纪念馆，正对客厅入口的显眼处有一段他的名言：

在一个由多元的组织所构成的社会中，使我们的各种组织机构负责任地、独立自治地、高绩效地运作，是自由和尊严的唯一保障。有绩效的、负责任的管理是对抗和替代极权专制的唯一选择。

当年纪念馆落成时，德鲁克研究所的同事们问自己，如果要从德鲁克的著作中找出一段精练的话，概括这位大师的毕生工作对我们这个世界的意义，会是什么？他们最终选用了这段话。

如果你了解德鲁克的生平，了解他的基本信念和价值观形成的过程，你一定会同意他们的选择。从他的第一本书《经济人的末日》到他独自完成的最后一本书《功能社会》之间，贯穿着一条抵制极权专制、捍卫个人自由和尊严的直线。这里极权的极是极端的极，不是集中的集，两个词一字之差，其含义却有着重大区别，因为人类历史上由来已久的中央集权统治直到 20 世纪才有条件变种成极权主义。极权主义所谋求的，是从肉体到精神，全面、彻底地操纵和控制人类的每一个成员，把他们改造成实现个别极权主义者梦想的人形机器。20 世纪给人类带来最大灾难和伤害的战争和运动，都是极权主义的"杰作"，德鲁克青年时代经历的希特勒纳粹主义正是其中之一。要了解德鲁克的经历怎样影响了他的信念和价值观，最好去读他的《旁观者》；要弄清什么是极权主义和为什么大众会拥护它，可以去读汉娜·阿伦特 1951 年出版的《极权主义的起源》。

好在历史的演变并不总是令人沮丧。工业革命以来，特别是从 1800 年开始，最近这 200 年生产力呈加速度提高，不但造就了物质的极大丰富，还带来社会结构的深刻改变，这就是德鲁克早在 80 年前就敏锐地洞察和指出的，多元的、组织型的新社会的形成：新兴的企业和非营利机构填补了由来已久的"国（政府）"和"家（家庭）"之间的断层和空白，为现代国家提供了真正意义上的种种社会功能。在这个基础上，教育的普及和知识工作者的崛起，正在造就知识经济和知识社会，而信息科技成为这一切变化的加速器。要特别说明，"知识工作者"是德鲁克创造的一个称谓，泛指具备和应用专门知识从事生产工作，为社会创造出有用的产品和服务的人群，这包括企业家和在任何机构中的管理者、专业人士和技工，也包括社会上的独立执业人士，如会计师、律师、咨询师、培训师等。在 21 世纪的今天，由于知识的应用领域一再被扩大，个人和个别机构不再是孤独无助的，他们因为掌握了某项知识，就拥有了选择的自由和影响他人的权力。知识工作者和由他们组成的知识型组织不再是传统的知识分子或组织，知识工作者最大的特点就是他们的独立自主，可以主动地整合资源、创造价值，促成经济、社会、文化甚至政治层面的改变，而传统的知识分子只能依附于当时的统治当局，在统治当局提供的平台上才能有所作为。这是一个划时代的、意义深远的变化，而且这个变化不仅发生在西方发达国家，也发生在发展中国家。

在一个由多元组织构成的社会中，拿政府、企业和非营利机构这三类组织相互比较，企业和非营利机构因为受到市场、公众和政府的制约，它们的管理者不可能像政府那样走上极权主义统治，这是它们在德鲁克看来，比政府更重要、更值得寄予希望的原因。尽管如此，它们仍然可能因为管理缺位或者管理失当，例如官僚专制，不能达到德鲁克期望的"负责任地、高绩效地运作"，从而为极权专制垄断社会资源让出空间、提供机会。在所有机构中，包括在互联网时代虚拟的工作社群中，知识工作者的崛起既为新的管理提供了基础和条件，也带来对传统的"胡萝卜加大棒"管理方式的挑战。德鲁克正是因应这样的现实，研究、创立和不断完善现代管理学的。

1999 年 1 月 18 日，德鲁克接近 90 岁高龄，在回答"我最重要的贡献是什么"这个问题时，他写了下面这段话：

> 我着眼于人和权力、价值观、结构和规范去研究管理学，而在所有这些之上，我聚焦于"责任"，那意味着我是把管理学当作一门真正的"博雅技艺"来看待的。

给管理学冠上"博雅技艺"的标识是德鲁克的首创，反映出他对管理的独特视角，这一点显然很重要，但是在他众多的著作中却没找到多少这方面的进一步解释。最完整的阐述是在他的《管理新现实》这本书第 15 章第五小节，这节的标题就是"管理是一种博雅技艺"：

> 30 年前，英国科学家兼小说家斯诺（C. P. Snow）曾经提到当代社会的"两种文化"。可是，管理既不符合斯诺所说的"人文文化"，也不符合他所说的"科学文化"。管理所关心的是行动和应用，而成果正是对管理的考验，从这一点来看，管理算是一种科技。可是，管理也关心人、人的价值、人的成长与发展，就这一点而言，管理又算是人文学科。另外，管理对社会结构和社群（社区）的关注与影响，也使管理算得上是人文学科。事实上，每一个曾经长年与各种组织里的管理者相处的人（就像本书作者）都知道，管理深深触及一些精神层面关切的问题——像人性的善与恶。
>
> 管理因而成为传统上所说的"博雅技艺"（liberal art）——是"博雅"（liberal），因为它关切的是知识的根本、自我认知、智慧和领导力，也是"技艺"（art），因为管理就是实行和应用。管理者从各种人文科学和社会科学中——心理学和哲学、经济学和历史、伦理学，以及从自然科学中，汲取知识与见解，可是，他们必须把这种知识集中在效能和成果上——治疗病人、教育学生、建造桥梁，以及设计和销售容易使用的软件程序等。

作为一个有多年实际管理经验，又几乎通读过德鲁克全部著作的人，我曾经反复琢磨过为什么德鲁克要说管理学其实是一门"博雅技艺"。我终于意识到这并不仅仅是一个标新立异的溢美之举，而是在为管理定性，它揭示了管理的本质，提出了所有管理者努力的正确方向。这至少包括了以下几重含义：

第一，管理最根本的问题，或者说管理的要害，就是管理者和每个知识工作者怎么看待与处理人和权力的关系。德鲁克是一位基督徒，他的宗教信仰和他的生活经验相互印证，对他的研究和写作产生了深刻的影响。在他看来，人是不应该有权力（power）的，只有造人的上帝或者说造物主才拥有权力，造物主永远高于人类。归根结底，人性是软弱的，经不起权力的引诱和考验。因此，人可以拥有的只是授权（authority），也就是人只是在某一阶段、某一事情上，因为所拥有的品德、知识和能力而被授权。不但任何个人是这样，整个人类也是这样。民主国家中"主权在民"，但是人民的权力也是一种授权，是造物主授予的，人在这种授权之下只是一个既有自由意志，又要承担责任的"工具"，他是造物主的工具而不能成为主宰，不能按自己的意图去操纵和控制自己的同类。认识到这一点，人才会谦卑而且有责任感，他们才会以造物主才能够掌握、人类只能被其感召和启示的公平正义，去时时检讨自己，也才会甘愿把自己置于外力强制的规范和约束之下。

第二，尽管人性是不完美的，但是人彼此平等，都有自己的价值，都有自己的创造能力，都有自己的功能，都应该被尊敬，而且应该被鼓励去创造。美国的独立宣言和宪法中所说的，人生而平等，每个人都有与生俱来、不证自明的权利（rights），正是从这一信念而来的，这也是德鲁克的管理学之所以可以有所作为的根本依据。管理者是否相信每个人都有善意和潜力？是否真的对所有人都平等看待？这些基本的或者说核心的价值观和信念，最终决定他们是否能和德鲁克的学说发生感应，是否真的能理解和实行它。

第三，在知识社会和知识型组织里，每一个工作者在某种程度上，都既是知识工作者，也是管理者，因为他可以凭借自己的专门知识对他人和组织产生权威性的影响——知识就是权力。但是权力必须和责任捆绑在一起。而一个管理者是否负起了责任，要以绩效和成果做检验。凭绩效和成果问责的权力是正当和合法的权力，也就是授权（authority），否则就成为德鲁克坚决反对的强权（might）。绩效和成果之所以重要，不但在经济和物质层面，而且在心理层面，都会对人们产生影响。管理者和领导者如果持续不能解决现实问题，大众在彻底失望之余，会转而选择去依赖和服从强权，同时甘愿交出自己的自由和尊严。这就是为什么德鲁克一再警告，如果管理失败，极权主义就会取而代之。

第四，除了让组织取得绩效和成果，管理者还有没有其他的责任？或者换一种说法，绩效和成果仅限于可量化的经济成果和财富吗？对一个工商企业来说，除了为客户提供价廉物美的产品和服务、为股东赚取合理的利润，能否同时成为一个良好的、负责任的"社会公民"，能否同时帮助自己的员工在品格和能力两方面都得到提升呢？这似乎是一个太过苛刻的要求，但它是一个合理的要求。我个人在十多年前，和一家这样要求自己的后勤服务业的跨国公司合作，通过实践认识到这是可能的。这意味着我们必须学会把伦理道德的诉求和经济目标，设计进同一个工作流程、同一套衡量系统，直至每一种方法、工具和模式中去。值得欣慰的是，今天有越来越多的机构开始严肃地对待这个问题，在各自的领域做出肯定的回答。

第五，"作为一门博雅技艺的管理"或称"博雅管理"，这个讨人喜爱的中文翻译有一点儿问题，从翻译的"信、达、雅"这三项专业要求来看，雅则雅矣，信有不足。liberal art 直译过来应该是"自由的技艺"，但最早的繁体字中文版译成了"博雅艺术"，这可能是想要借助它在中国语文中的褒义，我个人还是觉得"自由的技艺"更贴近英文原意。liberal 本身就是自由。art 可以译成艺术，但管理是要应用的，是要产生绩效和成果的，所以它首先应该是一门"技能"。另一方面，管理的对象是人们的工作，和人打交道一定会面对人性的善恶，人的千变万化的意念——感性的和理性的，从这个角度看，管理又是一门涉及主观判断的"艺术"。所以 art 其实更适合解读为"技艺"。liberal——自由，art——技艺，把两者合起来就是"自由技艺"。

最后我想说的是，我之所以对 liberal art 的翻译这么咬文嚼字，是因为管理学并不像人们普遍认为的那样，是一个人或者一个机构的成功学。它不是旨在让一家企业赚钱，在生产效率方面达到最优，也不是旨在让一家非营利机构赢得道德上的美誉。它旨在让我们每个人都生存在其中的人类社会和人类社群（社区）更健康，使人们较少受到伤害和痛苦。让每个工作者，按照他与生俱来的善意和潜能，自由地选择他自己愿意在这个社会或社区中所承担的责任；自由地发挥才智去创造出对别人有用的价值，从而履行这样的责任；并且在这样一个创造性工作的过程中，成长为更好和更有能力的人。这就是德鲁克先生定义和期待的，管理作为一门"自由技艺"，或者叫"博雅管理"，它的真正的含义。

邵明路

彼得·德鲁克管理学院创办人

跨越时空的管理思想

20多年来，机械工业出版社华章公司关于德鲁克先生著作的出版计划在国内学术界和实践界引起了极大的反响，每本书一经出版便会占据畅销书排行榜，广受读者喜爱。我非常荣幸，一开始就全程参与了这套丛书的翻译、出版和推广活动。尽管这套丛书已经面世多年，然而每次去新华书店或是路过机场的书店，总能看见这套书静静地立于书架之上，长盛不衰。在当今这样一个强调产品迭代、崇尚标新立异、出版物良莠难分的时代，试问还有哪本书能做到这样呢？

如今，管理学研究者们试图总结和探讨中国经济与中国企业成功的奥秘，结论众说纷纭、莫衷一是。我想，企业成功的原因肯定是多种多样的。中国人讲求天时、地利、人和，缺一不可，其中一定少不了德鲁克先生著作的启发、点拨和教化。从中国老一代企业家（如张瑞敏、任正非），及新一代的优秀职业经理人（如方洪波）的演讲中，我们常常可以听到来自先生的真知灼见。在当代管理学术研究中，我们也可以常常看出先生的思想指引和学术影响。我常常对学生说，当你不能找到好的研究灵感时，可以去翻翻先生的著作；当你对企业实践困惑不解时，也可以把先生的著作放在床头。简言之，要想了解现代管理理论和实践，首先要从研读德鲁克先生的著作开始。基于这个原因，1991年我从美国学成回国后，在南京大学商学院图书馆的一角专门开辟了德鲁克著作之窗，并一手创办了德鲁克论坛。至今，我已在南京大学商学院举办了100多期德鲁克论坛。在这一点上，我们也要感谢机械工业出版社华章公司为德鲁克先生著作的翻译、出版和推广付出的辛勤努力。

在与企业家的日常交流中，当发现他们存在各种困惑的时候，我常常推荐企业家阅读德鲁克先生的著作。这是因为，秉持奥地利学派的一贯传统，德鲁克先生总是将企业家和创新作为著作的中心思想之一。他坚持认为："优秀的企业家和企业家精神是一个国家最为重要的资源。"在企业发展过程中，企业家总是面临着效率和创新、制度和个性化、利润和社会责任、授权和控制、自我和他人等不同的矛盾与冲突。企业家总是在各种矛盾与冲突中成长和发展。现代工商管理教育不但需要传授建立现代管理制度的基本原理和准则，同时也要培养一大批具有优秀管理技能的职业经理人。一个有效的组织既离不开良好的制度保证，同时也离不开有效的管理者，两者缺一不可。这是因为，一方面，企业家需要通过对管理原则、责任和实践进行研究，探索如何建立一个有效的管理机制和制度，而衡量一个管理制度是否有效的标准就在于该制度能否将管理者个人特征的影响降到最低限度；另一方面，一个再高明的制度，如果没有具有职业道德的员工和管理者的遵守，制度也会很容易土崩瓦解。换言之，一个再高效的组织，如果缺乏有效的管理者和员工，组织的效率也不可能得到实现。虽然德鲁克先生的大部分著作是有关企业管理的，但是我们可以看到自由、成长、创新、多样化、多元化的思想在其著作中是一以贯之的。正如德鲁克在《旁观者》一书的序言中所阐述的,"未来是'有机体'的时代,由任务、目的、策略、社会的和外在的环境所主导"。很多人喜欢德鲁克提出的概念,但是德鲁克却说,"人比任何概念都有趣多了"。德鲁克本人虽然只是管理的旁观者,但是他对企业家工作的理解、对管理本质的洞察、对人性复杂性的观察,鞭辟入里、入木三分,这也许就是企业家喜爱他的著作的原因吧!

德鲁克先生从研究营利组织开始,如《公司的概念》(1946 年),到研究非营利组织,如《非营利组织的管理》(1990 年),再到后来研究社会组织,如《功能社会》(2002 年)。虽然德鲁克先生的大部分著作出版于 20 世纪六七十年代,然而其影响力却是历久弥新的。在他的著作中,读者很容易找到许多最新的管理思想的源头,同时也不难获悉许多在其他管理著作中无法找到的"真知灼见",从组织的使命、组织的目标以及工商企业与服务机构的异同,到组织绩效、富有效率的员工、员工成就、员工福利和知识工作者,再到组织的社会影响与社会责任、企业与政府的关系、管理者的工作、管理工作的设计与内涵、管理人员的开发、目标管理与自我控制、中层管理者和知识型组织、有效决策、管理沟通、管理控制、面向未来的管理、组织的架构与设计、企业的合理规模、多角化经营、多国公司、企业成长和创新型组织等。

30 多年前在美国读书期间,我就开始阅读先生的著作,学习先生的思想,并聆听先生的课堂教学。回国以后,我一直把他的著作放在案头。尔后,每隔一段时间,每每碰到新问题,就重新温故。令人惊奇的是,随着阅历的增长、知识的丰富,每次重温的时候,竟然会生出许多不同以往的想法和体会。仿佛这是一座挖不尽的宝藏,让人久久回味,有幸得以伴随终生。一本著作一旦诞生，就独立于作者、独立于时代而专属于每个读者，不同地理区域、不同文化背景、不同时代的人都能够从中得到启发、得到教育。这样的书是永恒的、跨越时空的。我想，德鲁克先生的著作就是如此。

特此作序，与大家共勉！

南京大学人文社会科学资深教授、商学院名誉院长

博士生导师

2018 年 10 月于南京大学商学院安中大楼

彼得·德鲁克与伊藤雅俊管理学院是因循彼得·德鲁克和伊藤雅俊命名的。德鲁克生前担任玛丽·兰金·克拉克社会科学与管理学教席教授长达三十余载，而伊藤雅俊则受到日本商业人士和企业家的高度评价。

彼得·德鲁克被称为"现代管理学之父"，他的作品涵盖了39本著作和无数篇文章。在德鲁克学院，我们将他的著述加以浓缩，称之为"德鲁克学说"，以撷取德鲁克著述在五个关键方面的精华。

我们用以下框架来呈现德鲁克著述的现实意义，并呈现他的管理理论对当今社会的深远影响。

这五个关键方面如下。

（1）**对功能社会重要性的信念**。一个功能社会需要各种可持续性的组织贯穿于所有部门，这些组织皆由品行端正和有责任感的经理人来运营，他们很在意自己为社会带来的影响以及所做的贡献。德鲁克有两本书堪称他在功能社会研究领域的奠基之作。第一本书是《经济人的末日》（1939年），"审视了法西斯主义的精神和社会根源"。然后，在接下来出版的《工业人的未来》（1942 年）一书中，德鲁克阐述了自己对第二次世界大战后社会的展望。后来，因为对健康组织对功能社会的重要作用兴趣盎然，他的主要关注点转到了商业。

（2）**对人的关注**。德鲁克笃信管理是一门博雅艺术，即建立一种情境，使博雅艺术在其中得以践行。这种哲学的宗旨是：管理是一项人的活动。德鲁克笃信人的潜质和能力，而且认为卓有成效的管理者是通过人来做成事情的，因为工作会给人带来社会地位和归属感。德鲁克提醒经理人，他们的职责可不只是给大家发一份薪水那么简单。

对于如何看待客户，德鲁克也采取"以人为本"的思想。他有一句话人人知晓，即客户决定了你的生意是什么，这门生意出品什么以及这门生意日后能否繁荣，因为客户只会为他们认为有价值的东西买单。理解客户的现实以及客户崇尚的价值是"市场营销的全部所在"。

（3）**对绩效的关注**。经理人有责任使一个组织健康运营并且持续下去。考量经理人的凭据是成果，因此他们要为那些成果负责。德鲁克同样认为，成果负责制要渗透到组织的每一个层面，务求淋漓尽致。

制衡的问题在德鲁克有关绩效的论述中也有所反映。他深谙若想提高人的生产力，就必须让工作给他们带来社会地位和意义。同样，德鲁克还论述了在延续性和变化二者间保持平衡的必要性，他强调面向未来并且看到"一个已经发生的未来"是经理人无法回避的职责。经理人必须能够探寻复杂、模糊的问题，预测并迎接变化乃至更新所带来的挑战，要能看到事情目前的样貌以及可能呈现的样貌。

（4）**对自我管理的关注**。一个有责任心的工作者应该能驱动他自己，能设立较高的绩效标准，并且能控制、衡量并指导自己的绩效。但是首先，卓有成效的管理者必须能自如地掌控他们自己的想法、情绪和行动。换言之，内在意愿在先，外在成效在后。

（5）**基于实践的、跨学科的、终身的学习观念。**德鲁克崇尚终身学习，因为他相信经理人必须要与变化保持同步。但德鲁克曾经也有一句名言："不要告诉我你跟我有过一次精彩的会面，告诉我你下周一打算有哪些不同。"这句话的意思正如我们理解的，我们必须关注"周一早上的不同"。

这些就是"德鲁克学说"的五个支柱。如果你放眼当今各个商业领域，就会发现这五个支柱恰好代表了五个关键方面，它们始终贯穿交织在许多公司使命宣言传达的讯息中。我们有谁没听说过高管宣称要回馈他们的社区，要欣然采纳以人为本的管理方法和跨界协同呢？

彼得·德鲁克的远见卓识在于他将管理视为一门博雅艺术。他的理论鼓励经理人去应用"博雅艺术的智慧和操守课程来解答日常在工作、学校和社会中遇到的问题"。也就是说，经理人的目光要穿越学科边界来解决这世上最棘手的一些问题，并且坚持不懈地问自己："你下周一打算有哪些不同？"

彼得·德鲁克的影响不限于管理实践，还有管理教育。在德鲁克学院，我们用"德鲁克学说"的五个支柱来指导课程大纲设计，也就是说，我们按照从如何进行自我管理到组织如何介入社会这个次序来给学生开设课程。

德鲁克学院一直十分重视自己的毕业生在管理实践中发挥的作用。其实，我们的使命宣言就是：

通过培养改变世界的全球领导者，来提升世界各地的管理实践。

有意思的是，世界各地的管理教育机构也很重视它们的学生在实践中的表现。事实上，这已经成为国际精英商学院协会（AACSB）认证的主要标志之一。国际精英商学院协会"始终致力于增进商界、学者、机构以及学生之间的交融，从而使商业教育能够与商业实践的需求步调一致"。

最后我想谈谈德鲁克和管理教育，我的观点来自 2001 年 11 月 *BizEd* 杂志第 1 期对彼得·德鲁克所做的一次访谈，这本杂志由商学院协会出版，受众是商学院。在访谈中，德鲁克被问道：在诸多事项中，有哪三门课最重要，是当今商学院应该教给明日之管理者的？

德鲁克答道：

第一课，他们必须学会对自己负责。太多的人仍在指望人事部门来照顾他们，他们不知道自己的优势，不知道自己的归属何在，他们对自己毫不负责。

第二课也是最重要的，要向上看，而不是向下看。焦点仍然放在对下属的管理上，但应开始关注如何成为一名管理者。管理你的上司比管理下属更重要。所以你要问："我应该为组织贡献什么？"

最后一课是必须修习基本的素养。是的，你想让会计做好会计的事，但你也想让她了解其他组织的功能何在。这就是我说的组织的基本素养。这类素养不是学一些相关课程就行了，而是与实践经验有关。

凭我一己之见，德鲁克在 2001 年给出的这则忠告，放在今日仍然适用。卓有成效的管理者需要修习自我管理，需要向上管理，也需要了解一个组织的功能如何与整个组织契合。

彼得·德鲁克对管理实践的影响深刻而巨大。他涉猎广泛，他的一些早期著述，如《管理的实践》(1954 年)、《卓有成效的管理者》(1966 年) 以及《创新与企业家精神》(1985 年)，都是我时不时会翻阅研读的书籍，每当我作为一个商界领导者被诸多问题困扰时，我都会从这些书中寻求答案。

珍妮·达罗克

彼得·德鲁克与伊藤雅俊管理学院院长

亨利·黄市场营销和创新教授

美国加州克莱蒙特市

　　《工业人的未来》，这本书被许多朋友和一些评论家一致认为是所有书中最棒的一本书。确实，我自己也认为这本书是我最得意之作。它也是我唯一一部公开阐发基本社会理论的书籍。事实上，本书尝试阐明的不是一个社会理论，而是两个。一个或者可称为"一般性社会理论"，它提出任何一个社会都必然有其功能性和合法性方面的要求。另一个或者可称为"特殊性工业社会理论"，它将这些一般性社会理论应用于工业社会这一特例，这种工业社会出现于 20 世纪，并在第二次世界大战中逐渐获得主导地位。我曾经给本书加了一个副标题"保守之路"，其原因就在于书中有两个关键性概念——"身份"和"功能"，它们从根本上说是保守性的术语。这两个术语可以追溯到埃德蒙·伯克或者詹姆斯·麦迪逊，而不是约翰·洛克，更不是法国大革命。本书的第三个关键术语是"合法性"，这基本上也是一个保守性的术语。如果当时这个术语已创造出来的话，亚历山大·汉密尔顿很可能就会用到这个术语（该术语可追溯到 1820 年前后，当时汉密尔顿已逝世很久），而本杰明·迪斯雷利则确实使用过该术语。这个术语承认合法性权力已是一种社会现实，但要求这种权力必须建立在普遍公认、义务、责任和共识的基础之上。

尽管"保守主义"这个词确实有着非常陈旧过时的含义，但本书并非"新保守主义"（该术语在本书初版的 1942 年时还不存在）。因为首先，对我而言，根本就毫无成为新保守主义者的必要，毕竟这个词所指的是那些前左翼分子，而我从来就与此无缘。我们现在所谈的新保守主义，我在本书中称之为"重商主义"（不过，我前面已经申明，这一术语已经过时，并且可能达不到预期目标），这里我再重申一遍。因为新保守主义否认而不是肯定工业社会及后工业社会的现实。实际上，新保守主义只是鼓吹经济学重于一切的 19 世纪曼彻斯特自由主义的别称，而这与真正的保守主义立场并不相容。保守主义的立场是，而且总是将社会置于首位。它并不否认经济和经济学的重要性——事实上，还远不止是不否认。在那些保守的原教旨主义者和"现实政治"的真正信徒（如亨利·基辛格）中，我经常被怀疑说我对经济和经济学过分感兴趣，说我是在鼓吹只有自由市场才能产生经济的结果和控制的力量，总有人怀疑说我在鼓吹经济的首要任务是赚取资本成本，即赢得丰厚的利润，还有人对于我断言缺乏经济基础的军事力量只是痴人说梦的幻想心怀疑虑，等等。不过，将社会各个维度都唯一地纳入这一个维度（甚至是精神方面），却是真正的保守主义者所不齿的。在 19 世纪的埃德蒙·伯克、罗伯特·沃尔浦尔、温斯顿·丘吉尔、本杰明·迪斯雷利等人的眼中，还有同样在亚伯拉罕·林肯和乔治·华盛顿看来——社会是个多面体，不是单向的。巨大的挑战（即"无穷无尽的冒险"，霍勒斯·沃尔浦尔称之为政治伎俩）就是要在这多个维度间保持平衡。但是，要做到这一点，社会就必须成为一个功能性社会。它必须给个人赋予社会身份和功能，而且其权力必须被承认具有合法性。

斐迪南·腾尼斯所著《社区与社会》（1888 年版）一书，是社会理论和社会学最伟大的经典之一。腾尼斯把社区与社会并置同论，前者关注于存在（being）即身份，后者关注于行事（doing）即功能。在《工业人的未来》一书中，我提出，工业社会的基本制度必须两方面都兼顾，社区赋予身份，社会行使功能，而这个制度自身还需要能使其达到预定目的的具体制度。我当时还没有将这种制度称为"组织"，这一术语当时还没人使用，甚至还没人知道，直到第二次世界大战后很久才有所改变（也许这一词的首次使用是在我的下一本书《公司的概念》（1946年）中，该书也正由 Transaction 出版社再版发行）。我当时还没有察觉（实际上当时谁也没有察觉，这一工业社会将成为一个包含各种组织的社会，而不是一个仅仅包含工业组织的社会），意识到这一点，那已经是 10 年后了。实际上，许多著作家，尤其是经济学家，直到现在他们眼里还仍然只有政府和工商企业，而对其他各种组织，如大学、医院、工会、教会（还有其他许多）都熟视无睹，也没有看到现代社会正是通过这些组织来执行其社会功能、组织其社会任务的。而《工业人的未来》当时就洞察到，工业社会在结构上与 19 世纪和 20 世纪初的社会已经有所不同，并且其面临的挑战、其价值观和机会也同样有所不同。

那时候，大多数人都认为自由社会和自由经济已走到了头——还有少数人认为，即使在美国，这种自由社会和自由经济也不一定能够挺得过第二次世界大战，更不用说在欧洲了。虽然不能说世人皆醉我独醒，但本书确实洞察到，工业社会所面临的这些挑战恰恰预示着战后的经济增长和社会成就。《工业人的未来》并不是一本"乐观主义"的书，在写作其主要章节的 1940 年夏，当时可以说并没有多少令人乐观的东西，收音机里倒是天天都在播放着纳粹的胜利、法国的陷落和英国的敦刻尔克大撤退之类的新闻。但是，本书却再次肯定了各种价值、希望和责任——而这些都由战后时期的各种事件给予了证实，也由第二次世界大战中涌现出的一个"工业"国——美国取得领导地位这一事实得到了证实。

今天，我们已经走出了工业时代。而且实际上，我们甚至已经超越了"后工业社会"。我们现在生活的社会我称之为"后资本主义"（以此命名的另一本书，在《工业人的未来》一书 Transaction 版就绪之后也将面世）。这是一个"知识"社会，而不是一个"工业"社会。但是，就这一工业社会而言，它对身份和功能的需要、需求和孜孜以求，却与 50 年前并没什么两样——毕竟这些都属于一般性社会理论，而不是工业社会的特殊特征。借以实现这些需要的制度仍然是组织，尽管不再仅仅是发达国家主导着 1870 年或 1880 年到 1960 年或 1970 年间的工业（也就是制造业）组织。我们所需要的具体应用肯定也会有所不同，但原则都是相同的。

还有一点需要指出：本书的写作始于欧洲已投入第二次世界大战之后，而完成（尽管尚未出版）则是在美国参战之前。那时我已非常清楚美国肯定会参战——虽然什么时候以什么方式参战当时还不很清楚，也不可能清楚。由此，第 1 章"工业社会之战"也许对今天的读者来说特别有趣。书中所描述的各种事情当时都还很新奇，事实上都是非常异端的。在那些日子里，人们个个愁眉紧锁、忧心如焚（这种担忧确实不无道理），如何才能挨过那场战争，如何才能不被黑暗势力所吞没。当然，我当时也同样忧心如焚：在写作此书的那几个月里，好多个夜晚我都辗转难寐。然而本书（这本书在那时几乎可称唯一）却敢于发问：我们对战后的世界抱有什么希望？我们必须做些什么才担当得起那个世界？"因为我从来就不是一个乐观主义者，所以我不得不一直努力尝试"，这是我的一位好友在 78 岁高龄开始投入一项"新事业"时所说的，这也完全可用来作为本书的题词箴言。

彼得·德鲁克

加州克莱蒙特市

第 1 章 | CHAPTER 1

工业社会之战

1

这次世界大战是为工业社会的结构而起，它所谋求的，是工业社会的原则、目标和制度。工业社会的一个论题，也是其唯一的一个论题就是社会与政治秩序问题：自詹姆斯·瓦特发明蒸汽机以来的大约 200 年时间里，整个西方为自己创建起了一个全新的栖息地，在这个丰裕的物质世界里，其秩序与旧的社会和政治秩序有什么相同或不同呢？

最能清晰地反映这个论题的是这样一个事实：它是第一次真正意义上作为工业战争的一次大战——在这场大战中，工业不再是一个附属品，而成了战斗主力。工业战争所带来的必然是工业和平——在这种和平状态下，工业不再仅是和平时期社会组织的外围，而成了其中心。和平时期和战争时期的社会组织必然都建立在同样的原则基础上，遵从同样的结构规则，这是政治生活的一个规律。有时，它可能表现为一场缔造新社会，或者至少是逐渐显化新社会的战争；而在另外一些时候，它却可能表现为和平。这就出现了第一个论题，一个最为古老的推想——也是最无意义的推想，关于政治哲学的推想，实用主义的政治家可能感觉这无异于"鸡生蛋还是蛋生鸡"之类的推想。但是作为事实本身，并不存在任何疑问：战争社会与和平社会必然是同一事物的两个方面。当今的工业战争社会，必将成为明天的工业和平社会的先导。

在第一次世界大战之前，还可能将工业体系及其社会组织仅仅视为纯粹的从属性副产品。虽然有用好用坏之嫌，机枪、飞机、坦克和汽车都还是被作为了步兵作战这种传统模式的辅助手段。就基本的社会单位而言，1914 年的战争仍然反映的是封建社会的组织结构：步兵团中没有职能和技能的分工，它们几乎原样照搬封建社会的结构特征：治安官带领佃户和农奴随从出征。

的确，在那场战争的最后阶段，战争就已经开始演变为一种工业战争。1917 年和 1918 年的诸多重大战役，都已是工业战役。但最后的和平并非工业的和平。大战期间，西方世界的社会组织未曾解决工业社会的问题，它甚至未曾尝试找寻这种解决方案。而恰恰是由于这种差距，导致了凡尔赛体系的崩溃垮塌。凡尔赛时期及此后的若干年（直到 1929 年，很多国家甚至直到 1939 年）断然延迟和逃避解决这个工业体系的政治和社会问题，尽管这样做往往并无意识。此时，有一种试图恢复前工业社会（1913 年）基本状态的强大愿望。基本上，在战争间隔之间的人们（其时间间隔非常接近，然而其思想甚至对于我们这些同类都完全难以理解）非常清楚差距所在。这一点表现为他们坚持认为持久和平是维系凡尔赛体系的社会结构的一种方式。

认为自由社会经受不住再次战争的考验，这种想法（在 1928 年或者 1934 年很少有人会怀疑这一点）就等于说我们已知的自由社会不能够寻找到适合工业体系的社会和政治组织结构。如果这一点还有什么意义的话，那实际上是宣判了自由社会的死刑，唯一可能的最大奇迹也就是祈望缓刑。指望永久的和平属于幻想中的太平盛世，而不是任何人间社会所能为的。事实上，死刑在即，随时可被执行。我们今天之所以还能够为自由而战斗，并非由于自由国家中缓和姑息之类情绪有什么回归返潮，这种情感根源于认为工业战争将不可避免地导致自由社会的终结，实际上，我们还能够为自由而战斗只是因为希特勒自己的根本错误。

在下一次的和平会议上，我们可能再次致力于构建永久和平——尽管我认为我们都已经开始怀疑这种尝试是否明智。但是，我们无疑不能也不会推卸寻找解决工业体系基本政治和社会问题的责任。而工业战争的现实，且不提战后的现实，更将使得它不可能去推卸这个责任。

今天，战争的工业机器是自发形成的，其他一切都以此为中心来构建。步兵在很大程度上成为次要的战斗力。轰炸机的领航员与机组工作人员之间的社会权力关系，或者坦克指挥与部下之间的社会权力关系，与生产线上的领班和工人之间的关系一样。它建立在技能和职能层级基础之上，同样也建立在指挥层级基础之上。今天，每一支军队的社会性困境，如旧军律、旧的升迁制度和论资排辈（个人技能水平无足轻重）等都无以维系甚至难以为继，这些现象都表明了一个事实，即军队陈旧的前工业社会状态已经无法组织和驾驭新工业社会的现实。在今天的每一支军队中，陈旧的社会形态都让位于新的社会形态——这一点在纳粹军团中表现得最为明显，军队的战斗力和士气在很大程度上取决于此。在未来社会里，前工业时代的旧社会形态必须让位于新工业社会形态。

每一位历史学家都知道，由于法国军队需要在新的社会形态基础上组织军队，这就迫使拿破仑战争期间的普鲁士和奥地利接受法国革命的基本社会准则。未来的历史学家将看到，正是出于要在工业体系基础上组织战斗的需要，促使我们这代人努力构建一个工业社会。确定我们这个社会要建构于什么基础之上，是我们这代人的特权，也是我们的责任。

这与参战本身的善恶问题完全无关。我也不会断言战争就是有意义的，它造就了什么东西或者解决了任何问题。相反，我确信，战争本身是毫无意义的，它不能创造任何东西，或者解决任何问题。我要说的就是战争已是一个现实——一个至关重要、无法否认但又仅仅只是现实的现实。现实本身是没有什么意义的，它不能创造任何东西，或者解决任何问题。它们只是存在于那里。它们是否有意义；如果有意义，又是什么意义；它们是创造还是毁灭；它们是否解决问题以及如何解决问题——这取决于我们如何对待它们。

无疑正确的是，战争的当务之急是设法克敌制胜。然而，同样正确的是，我们希望赢得胜利难道不是为了赋予这次战争以及随之而来的和平以某种意义吗？思考一下：这个问题是什么，它有什么意义，我们如何找到自己的解决方法，这些就是本书唯一关注的问题。因此，全书的唯一主题就是：如何才能将一个工业社会建构为一个自由社会？

人微言轻，对于诸如战后蓝图规划、疆域划分、国际同盟、国家联盟或者金本位制之类的问题，我显然很少能说什么，甚至根本就无法置喙，无话可说。当然我不是认为那些国内国际组织的现实问题就不够重要。实际上这种片面的想法就像我们的某些蓝图制作者一样愚蠢，他们认为自己在寻找唯一可行的社会机制。总是不让两全，他们要么选择社会机制而没有政治原则，要么相反，这比无用更糟糕，而且非常有害。有时，具体现实的结果恰恰来自观点和原则的讨论当中。有时，一个政治上的堵漏人员，丝毫不曾考虑到一般的规则而只是单纯凭借现场随机应变、一拍脑袋得出的一些贸然发现，就缔造了一门新的哲学。在政治领域，只能要么是个二元论者要么什么也不是，因此，"现实主义者"和"理想主义者"都排除了单纯的政治效果论。然而，本书的研究并非要试图就某些具体的情况给出具体的解决之道，而仅仅只是因为作为研究者很难了解未来变化的具体情况。按照笔者的观点，今天解决战后具体问题的唯一正确方法，应该是收集拟定多种在不同可能情况和偶然情况下的应对之道，以作为今后的方案备选——这就类似于参谋本部，总是要拟订很多作战方案，以便从中选择最适宜的方案。当然，完全达成这一任务不仅超出了一本书的范围，而且即便是穷一个人毕生精力也不可能完成。何况，也根本不存在什么办法能够将战时的问题隔离开来，而单独只讨论战后的问题。在我看来，将来的某一天，和平得以在历史的旅程中实现只能是通过改车换骑，而不是结束或者重新开始我们的旅程。

　　简而言之，本书的任务是深入思考一些基本性的问题，详解阐明一些基本性论题，基于我们现有的自由社会，未雨绸缪地勾画准备一个全新的方案。在此笔者无意妄称自己未卜先知，能够洞察未来工业社会的图景，而只是希望能够指明如何平稳到达这一未来彼岸。

2

也许，在构建一个自由的功能性工业社会的准备过程中，最重要，显然也是最困难的一步，就是认识到我们的危机是一种正在严重威胁和影响到西方世界社会和政治基础的危机。所有西方各国通行的价值观、信仰和制度都在分崩离析，而在其废墟上，极权主义得以蔓延滋长、大行其道。当前这场战争实际上是西方社会追求美好未来的一场内战，它不可能（除了从纯粹的军事角度来看）仅仅通过打退外来入侵者来赢得胜利。这表明解决之道就存在于我们的社会内部：在于从原有成熟的自由原则出发构建新制度的过程中，在于新的社会权力组织形式的萌生过程中，总之在于我们再次思考和重塑我们的社会基础之际。这场战争最终（我希望也是最后）的爆发带来了巨大动荡，要理解这种动荡的性质和特征，就必须把所有浅薄浮夸的理论都拒之门外，这些理论将这场战争和纳粹对社会的极权主义威胁，归结为德国人（日本人、意大利人）的"民族性"，归结为德国的历史走向，归结为德国人特定的信仰或制度。

当然，不可否认的是这些因素的确存在，甚至也具有极其重要的影响。凡尔赛和平、德国出现的通货膨胀、希特勒在维也纳帝国度过的失落童年——所有这些都有一定影响。但是，它们仅仅解释了某些事情是如何发生的，是谁做的，却并未解释为什么发生和最终的结果如何。

毋庸置疑，过去50年来，德国成了欧洲的"地质断层带"——在这里每一次骚动都将演化为一次地震。但是，法国在之前的100年时间内实际上也同样扮演了这样一个角色。在这两个例子中，失去平衡、倾向暴政和诉求侵略都有其深刻的背景原因。它们与民族性完全没有任何关系。极权主义在任何工业国中都有可能发生，如果它并非首先发生在德国，那它可能在欧洲其他地方起源。魏玛共和制在德国的掌权，无疑是由于 20 世纪德国所具备的某些特质。希特勒主义的很多内容都是 19 世纪或 20 世纪德国所特有的。但是，希特勒主义无论多么惊人、多么壮观，德国卓绝一世的事业和特有的德国现象都只是问题的表象。它们解释了希特勒主义的"如何"甚至是"何时"的问题，但并未回答为何这样以及事实怎样的问题。

法国极权主义毫无疑问在很多方面与德国有所不同，比如其口号、具体制度和特定的表现等。它们也与当时西班牙或者捷克斯洛伐克[⊖]的极权主义大不相同。但是，如果它们所接受的基本原则一样，那么在本质上它们的区别也就微乎其微了。这些原则并非"必然"，在民族性、历史或者制度结构方面都很难发现这些原则的影子。它们都经过了刻意的、有目的的选择，它们是被赋予了自由意志的人们的选择。

民族性无疑是存在的。然而，它通常表现为行为方式的某种倾向——或不紧不慢或心急如焚，或谋定而后动或临时抱佛脚，或感性灵动或理性自持，或深刻透彻或肤浅草率。换句话说，民族气质当然是存在的。但是，它并未给我们揭示出任何真正的行为本质，而只是告诉我们一个事实：说某人是肤浅草率的，而另外某人是深刻透彻的，但这个事实本身并未告诉我们谁更可能犯罪。除了一个民族或者种族的性格倾向，对于某种类型的人、某种类型的职业和某种类型的行为，存在一些有意识或者传统上认为的社会性优劣判断。正是我们通常所谓的社会

　　⊖　已于 1993 年分为捷克和斯洛伐克两个国家。——编者注

"理想类型"，被错误地认为是"民族性"。但是，社会"理想类型"的变化是如此频繁、迅速并且令人难以捉摸，这是其他一切都难以企及的。昨天曾经非常受欢迎的东西，例如所有欧洲人长期以来一直误以为是美国民族性真实代表的美国银行家，到今天却已经风光不再。在每一个欧洲国家的历史上，"理想类型"都经历了多次变化。对于希特勒主义，唯一有把握可以说的事，如果确实存在，就是纳粹领袖从来就没有成为过德国社会的"理想类型"，无论是在其背景方面，还是在其个性、等级优先性、职业、行为或是信仰方面，纳粹领袖的这种类型以前都从未普遍化过。但它告诉我们什么呢？纳粹主义是一种革命？这纯粹是一句众所周知的废话而已，除此之外，它还能在革命的特性、根源及其意义方面告诉我们一些什么呢？什么也没有。除了让我们知道德国有着与其他民族一样的革命能力之外，它没有再进一步告诉我们有关德国民族性的任何东西。

　　一般来说，那些接受了民族性解释的人也就对于希特勒教义有着天然的亲和接受力。因为在关于一个民族性不可避免和亘古不变的理论与关于种族的生生不息与不可改变的理论之间，实在是半斤八两、差别甚微。一旦接受了这一点，那么离那种民族或种族天生优越论也就近在咫尺。为了战胜纳粹主义，我们必须采取传统的宽容原则立场，这种原则认为在德性方面，无论种族、民族或肤色如何，世界上的民众都差别无几。这本身不能解答纳粹主义源流——除了在纯粹个体性伦理领域。这种原则也不是政治行动的基础，因为政治和社会生活模式并不是与生俱来的先天属性，而不过是伦理原则、客观现实以及伦理原则在客观现实组织上的应用——政治制度。原则和现实都与普通人的先天品性无关——原则是人类自由意志的抉择，而现实则是受制于外部的状况。但是两者都同样与什么民族性或种族性毫无关系。

　　如果民族性的解释不能成立，那么各种民族历史的解释就毫无意义。如果德国没有发展出纳粹主义，而是发展了德国版本的甘地和平主义，那么我们现在将可以看到很多书籍都会滔滔不绝地谈论关于宗教改革运动、路德、康德、贝多芬或者 F. W. 福斯特等的观点，这种发展是多么地"不可避免"。在 1927 年的德国，和平主义忠诚者的数量远胜于纳粹忠诚分子。而如果英国人发展了极权主义哲学，那么那些伪历史学家就会逮着亨利八世、克伦威尔、霍布斯、边沁、卡莱尔、斯宾塞和博赞基特等狠命挖掘。在许多国家，伟大的历史人物、伟大的思想家的思想和行为都将被曲解为某种"必然性"，同时，却又得出两种截然相反的对立结论。一个世纪前，英国和美国都有这样一个惯例，在每一本历史书籍中都以大段的赞美诗开篇，赞美在阿米尼斯、路德和腓特烈大帝等人物身上所体现的日耳曼人的高贵品质如何引领着欧洲挣脱拉丁暴政的统治，让自由重见天日，其后的敌人来自法国和天主教会。现在，则有纳粹主义的危险横亘面前。由此我们可以发现这样一种理论——认为希特勒的暴政是必然的，因为罗马帝国的文明辉煌从来没有照耀到北部德国使之跟上文明的步伐，再加上路德的宗教改革摧毁了中世纪的天主教文化。然而，面对挪威人，或者面对尽管罗马化程度更低但同样属于新教的苏格兰人或荷兰人，这种理论做何解释又如何自圆其说呢？

　　实际上，这些尤其让人目瞪口呆的纳粹教义和口号，其直接先驱者几乎都不是德国人。极权主义最早而且最一以贯之的哲学家是法国人奥古斯特·孔德——19 世纪最具影响的思想家之一。孔德是第一个将思考的目光集中投射到工业的思想家，这一点非常重要。他的极权主义，尤其是他那对言论自由、思想自由和道德自由所充斥的愤恨，都源于要围绕工业制造商来组织社会的企图。激进的反犹太种族主义也起源于法国，它是由戈宾诺首次宣示提出的；而戈宾诺自己，又是法国那样一支长长政治思想家队伍的嫡传弟子，他们长期以来一直试图将法国社会秩序及其正当性用不同社会阶层的种族起源和不同种族天生的优劣性来加以解释和辨识。他们甚至像纳粹那样，披着同样"科学主义"的外衣而大放厥词。[⊖]拿破仑叔侄俩所制定的对外政策原则，大多数被希特勒所吸收采纳；而这叔侄俩则是从奉行强权政治哲学的马基雅维利以及精明狡诈的威尼斯和荷兰政治家们那里寻找思想泉源。"上帝特选子民"的概念诚然是从犹太人那里直接拿来的，却又被凶残恶毒地用作反对犹太人本身的理由。而美国人威廉·詹姆斯所首创的非经济的等级制度思想，也在很大程度上被纳粹偷来用作建立其纳粹集团及其组织的基础。具有讽刺意味的是，这也是许多思想沦落的典型方式，詹姆斯首次在一篇题为"战争的道德价值"的文章中提出这一思想的初衷，却是探讨如何构建永久和平。"地缘政治学"的基础是一位英国海军上将奠定的，而现代总体战争的经济则是1917年的美国战时工业委员会首先拟制。让戈宾诺、詹姆斯或者其他什么人对纳粹使用或滥用其理论的行为负责，这显然就像仅仅因为很多著作家和政治家的国籍，就称他们为先天的法西斯主义者或必然的法西斯主义者一样荒谬可笑。同样，要想从德国历史

⊖　雅克·巴赞先生在这个领域做了先驱性的工作。他的书，尤其是《法国的种族》和《种族：一种对迷信的研究》，对于那些希望理解当前政治思潮中伪科学生物进化理论的真实本质的人来说，应该是必读书籍。

中去追踪某种必然性的逻辑，这样的做法同样愚蠢可笑。我们既然能够确认各种欧洲文化都存在非常密切的关系，同时也存在广泛持久的交流接触，那么那些关于任何一个国家的"先天特性"的论说如何能站得住脚？

事实上，每一个国家在其历史和民族特性中都存在着为善和造恶的无限能力；每一种正面行为或负面行为都能够找到自己的先例和权威辩说。由此，每个国家的决策都只是其自身的决策，而用不着拉出其民族本性或者是过去的传统来对其进行解释辩护。

关于纳粹主义或者其他种种历史现象，最经不起推敲的理论，就是那些试图以某种特定的制度或者某种地理位置的巧合，来解释或阐释其意义和起源问题。有时，人们容易天真而盲目地轻信纳粹主义在很大程度上是因为政府控制下工业长期集中发展的结果。当然，某些纳粹制度的具体细节是由这种发展形成的。但是，作为德国邻邦的捷克斯洛伐克其工业更为集中，卡特尔⊖化更为严重，政府控制更为全面。而被说成是德国工业发展的必然产物的纳粹主义，显然在捷克斯洛伐克却是不存在的。在现代欧洲，家长制经济政策最为严重的国家是法国，那里 18 世纪的重商主义从未被真正放弃。然而，如果要让法国的贸易监管部门对那些亲纳粹的"维希的男人们"负责的话，那就实在太可笑了。

再者，纳粹主义向东扩进并征服了欧洲东部和东南地区的一些小国，这一点是毫无疑问的。但是，纳粹主义不仅是东进运动政策，也不仅是一场德国－斯拉夫的千年战争。每次德国试图扩张的时候，它都不可避

⊖　一种垄断形式，指生产同类商品的企业，为了获取高额利润，在划分市场、规定商品产量、确定商品价格等一个或几个方面达成协议而形成的垄断性联合。——编者注

免地要与斯拉夫人发生冲突，只是由于斯拉夫人而不是暹罗人居住生活在了德国东部边陲。出于同样的原因，斯拉夫人常常也西进。换句话说，斯拉夫人和德国人在过去的一千年来，不可避免地有着非常密切的接触，偶尔彼此发生战争，但是彼此也能和平共处相互学习。德国与斯拉夫国家接壤，这个事实本身并未解释纳粹极力想征服或者主宰世界的强烈欲望出于何因。而德国过去试图征服斯拉夫领土的企图也解释不了它现在这种想法的本质——除非中欧的地质和地理面貌仍然保持五百多年前的原貌未变。

纳粹主义不能用德国的民族性、德国的历史或者是德国的制度和地理条件来解释，理解这一点非常重要。如果未意识到这一点，目前的战争就将变得毫无意义，而更为严重的是，纳粹主义巨大的危害也可能难以为人们所充分意识到。如果确实像人们通常流行的说法那样，纳粹是德国的某种民族性或者德国的历史中某种必然性的结果，那么英国或者美国参战就毫无道理了。恐怕很难看出美国会有什么明显的兴趣必然要去阻止德国"历史的、难以消解的"对征服斯拉夫的欲望。想遏制这种念头的希望是渺茫的；我们难道指望在过去五百多年都未曾做到的事情在五年的战争中就能够被化解吗？必然性理论的唯一结论将是，听任德国人自己按照其必然的途径大行其道为所欲为，再插手坐地分赃。希特勒本人作为必然性理论的主要人物，他显然正希望别人都持这种想法，同时他的全部政策也都建立在这一观点的基础之上。

我们必须能够意识到，纳粹主义的本质正是在于尝试解决西方文明所面临的普遍问题，即工业社会的问题，并且意识到纳粹这种尝试所基于的基本原则绝不可能仅仅限于德国，否则，我们就连我们参战所反对的是什么、支持的又是什么这种基本参战目的都浑然不知。我们必须清楚，我们虽然需要构建一个功能性的工业社会，但我们要反对将这种解决工业社会问题的努力建立在奴役和征服的基础之上。否则，我们所构想的建立一个不仅是功能性的而且是自由的、和平的工业社会的努力，就没有基本的立足之地。如果这样，那此时我们能够期望的就只是消除纳粹主义的一些根本无足轻重的特征——那些可归因于德国 1933 年经济地位的偶然因素，或者是其具体制度的意外事件而已。如果我们都认为自己只是在为反对国际贸易中的易货贸易制度而战，或者是仅仅为支持莱茵河边界而战，那么我们就是在玩火自焚，抱着赌博撞大运的心态拿战后整个西方世界的社会和政治秩序不当回事。

极权主义专制的凶残暴虐已经充分证明，那种为这一噩梦、这一危险的可能出现提供了滋生地的社会，必然没有履行好自己的基本功能。极权主义残酷压制人们的自由，这表明它们是在试图通过否定自由来使社会得以发挥功能。为了战胜极权主义，我们就必须重新构建一个功能性社会，而且这个功能性社会至少能像极权主义的伪社会那样成功发挥作用。同时，它必须是一个自由的社会。理解这一难题，明确这一任务，找寻到实现这一目标的途径，这不仅对于赢得和平至关重要，而且它本身就是这场战争所取得的胜利的一部分。

CHAPTER 2 | 第 2 章

什么是功能性社会

1

时至今日，业已成型运转的功能性工业社会尚不存在。我们只是在借助广大工程师、化学家以及熟练技工为我们建构并运营着的庞大技术机器，进行着我们这个时代的工业生产。此外，我们也仰赖于一架虽然不够成熟、不够有力却仍能给人以深刻印象、重大影响的经济机器进行着工业产品的分配。然而这一工业化的图景，远未能够充分扩展到政治和社会层面，在那里我们尚未生成工业文明，也没有工业的社会生活和工业的秩序或组织。正是由于缺乏一个能充分整合交融于我们的工业现实的功能性工业社会，因而在我们的时代埋下了危机的种子。

放眼整个欧洲和北美大陆，大约有 5 亿人口中的绝大多数正身临其境地感受着工业世界的世俗现实。如果离开这一工业世界所提供的产品、服务和制度，人们简直寸步难行，更别提生存与发展这种人生大计。毕竟，我们的饮食起居这类日常俗世生活，无不有赖于这一工业世界。我们中的大多数人无不直接或间接地依存于这一工业世界，在其中谋求生计、图取快乐。因此，其社会之问题，也就是我们每个个人之问题；其社会之危机，也就是对我们的个人安全和社会稳定之直接冲击；其社会之胜利，也就是我们最引以为豪之战利品。从这个意义上，我们似乎可以宣称，西方人已经成为工业人。

但是，究其本质，就西方社会的社会信仰和价值观，及其仰赖的社会制度和经济手段等方面来看，西方社会基本上仍然处于前工业时代。归根结底，西方社会只不过是 18 世纪晚期发展并形成起来的重商主义社会的当代投影。这一前工业社会曾经担负起了成功组织 19 世纪世俗化物质现实的责任。但是，它无法整合交融今天的工业现实。

正如人类的生物性存在决定了人类片刻也离不开空气一样，人类的社会性和政治性存在要求有一个功能性社会辅助其间。然而，人类必须要有一个社会以托身其间这一事实本身，并不必然意味着就一定已经拥有了这么一个社会，毕竟必要条件并不能够代表充分条件。譬如，面对海难事件中那些毫无组织、惊慌失措、横冲直撞的难民，可能没有人愿意称之为一个"社会"。在这种情况下，有的只是一群乌合之众，并不存在社会。事实上，导致人们惊慌失措的直接原因也正是社会的崩溃瓦解。而克服这种惊慌失措的唯一办法，便是社会的恢复重建，使其重新获得自己的社会价值观、社会纪律、社会权力和社会组织。

社会生活不能游离于社会之外，不难想象，没有社会的社会生活甚至根本不可能正常运转。反观过去 25 年⊖的西方文明，我们很难有资格

　　⊖　本书初版于 1942 年。

说我们的社会生活运转得非常正常，也不足以使我们确信存在着这么一个功能性的社会。

当然，如果说一个社会必然能从培植它的现实土壤中破土而出并发展起来，这无疑是错误的。某一社会组织植根于某一世俗物质现实，但是其价值观、规则、理想、习俗和权力等却完全属于另一社会现实，这种情况是完全有可能的。就以鲁滨逊·克鲁索和他的仆人"星期五"为例，他们之间无疑存在一个社会。毫无疑问，那种将鲁滨逊视作孤立的经济人个体的传统观点是荒谬无比的。鲁滨逊有自己的社会价值观、习俗、禁忌和权力等。他的社会并非根据南太平洋某个亚热带小岛上的生活要求发展而来，而基本上是一个在寒冷的北大西洋海岸生活的加尔文主义的苏格兰人发展起来的社会。鲁滨逊身上所呈现的讶异之处，不在于他为了适应环境而做出的种种调适改变，而恰恰在于他居然几乎完全没有做任何改变。我们可以设想，假如他是另一个阶层或另一个时代的人，那么他必然要穿戴整齐才开始吃晚餐。这一实例说明，成功的社会生活可以建立在不同的社会价值观和理念之上，而无论这种社会的物质现实和社会问题是否与其已经适应的社会相同。

一个社会，可能立基于专门用于组织特定物质现实的观念和信仰之上。或者，它也可能依托于与其环境大不相同的基础，就像鲁滨逊·克鲁索的社会之于圣胡安·费尔南德斯群岛一样。不过，它必须总是能够将客观现实组织为处于良好的社会秩序状态。它必须掌控这一物质世界，使其对个人而言具有意义并且可以理解；另外，它还必须建立起合法的社会和政治权力。

工业体系这一现实，尽管渊源于重商主义社会和市场之中，但是从一开始就与重商主义社会所依托的基本假设大为不同，并且常常是非兼容般格格不入。不过，就整个 19 世纪而言，重商主义社会还是成功地掌控、组织和整合了日益成长中的工业现实。当然，不同方面的紧张关系早就存在。整个第一次世界大战前的百年社会史，在很大程度上可以说就是各种紧张关系的冲突史：重商主义假设与工业现实之间，杰斐逊式的政策与汉密尔顿式的事实之间，市场与工业生产体系之间，无时不演绎着不断的冲突与紧张。在 19 世纪的最后几年中，重商主义社会正在崩塌解构，工业体系正在失去社会控制，这些事实都已慢慢呈现得越来越清楚。不过，还是一直苟延残喘到 1918 年后，甚至一直到 1929 年之后，重商主义社会才真正解体。时至今日，它已经辉煌不再，停止了其对社会的功能支配作用。

2

有时候，越是简单的事物，越是难以给出一个确切的定义。而要定义何为社会，就恰如定义何为生命一般是不可能的。只因我们距离太近，反而令其基本的简单特征被一片玄惑且错综的局部细节所遮蔽。正所谓不识庐山真面目，只缘身在此山中，我们因身陷其中而难窥全貌。何况，在非生命与生命、无社会与社会之间，并不存在泾渭分明的分界线或临界点。不过，尽管我们难以确切知道何为生命，但一个活体何时停止生命而变成一具尸体则是稍具常识就能周知的。我们知道，倘若心脏不再跳动或两肺不再呼吸，人体就谈不上是活灵活现的生命。所以，只要心脏还在跳动或还有一口气，就还有生命活体存在；而停止了心跳，丧失了呼吸，剩下的就只不过是一具尸体。类似地，难以给社会寻求一个确切的定义这一点，并不能成为阻止我们从其功能方面去理解社会的理由。只有当社会能够给予其个体成员以社会身份和社会功能，并且社会的决定性权力具有合法性时，社会才能够成为社会。前者建立社会生活的基本骨架——社会的宗旨和意义；而后者则为这一骨架丰满血肉——给社会赋形并创造社会制度。如果个人都被剥夺了社会身份和社会功能，那就不会有社会，有的只是一堆杂乱无章的社会原子，在社会空间中毫无目标地飘游浮荡。而且，那些决定性的权力本身必须具有合法性，否则就无以形成社会结构，有的只是一个空白虚置的社会，仅靠奴役和惰性勉强聚合在一起。

那么，人们会很自然地追问，这两条标准中何者更重要呢？或者说，这两条社会生活原则中是否有轻重缓急呢？这个问题的历史实际上与政治思考本身一样历史悠久、绵亘久远。正是基于这一问题，政治理论的历史上产生了第一次重大分歧，这种分歧存在于柏拉图与亚里士多德之间，社会目的优先论与制度化组织优先论之间。然而，尽管这一问题曾被古代先哲伟人们奉为神圣，实际上却意味索然，可以说没有什么意义。在基本政治观念和基本政治制度之间，无论从时间上，还是从重要性上，都本无所谓孰先孰后。事实上，以信仰、目的、欲望和价值观等观念领域为一极，以事实、制度和机构的实践领域为另一极，二者同时构成了政治思想和政治行动的本质所在。两极之间偏袒诋毁一方，就不是政治学了。如果只有观念这一极，政治学就会等同于哲学或伦理学；而只有实践这一极，则政治学无异于人类学或新闻学。两极中无论仅仅着重哪一极，都会使得政治学名不符实，或者事实上取消了政治学本身。

　　个人的社会身份和社会功能，可以看作群体与个体成员之间的关系方程式。它符号化了个人与群体之间的相互交融整合。它表达了根据社会话语言说的个人意志以及根据个人话语言说的社会意志。这样，它就使群体视角中的个人存在和个人视角中的群体存在变得可以理解，并且将其合理化。

　　对个人而言，缺乏社会身份和社会功能就意味着社会也不存在。仅当社会的意志、目标、观念和理想从个人的意志、目标、观念和理想角度看有意义时才存在所谓社会。因此，在个人生活和群体生活之间，必然存在某种明确的功能关系。

　　这种关系也许在于一种意志的认同。有了这种意志的认同，就不存在非社会生活的个人生活，也不存在非社会目标的个人目标。这正是那些伟大的古希腊政治哲学家的基本立场，尤其是柏拉图。苏格拉底学派抨击诡辩学派，主要针对的正是其人格上的"个人主义"观念。苏格拉底学派的"城邦"是绝对集体主义的，也就是说，在群体意志和个人意志之间、群体道德和个人道德之间、群体生活和个人生活之间，根本就不存在区分的可能性。当然同样也可能假设说，在个人意志和个人生活之外，何来所谓群体意志和社会生活——而这正是 19 世纪早期的极端个人主义者的立场。

　　就既缺乏功能又缺乏地位的个人而言，社会绝对是不合理、不可捉摸的，也毫无吸引力可言。社会功能和社会身份的缺失，使得个人被其同类社会遗弃放逐，沦为流落"无根"的个人，对他们而言社会真的存在吗？投射到他们眼中的，只是种种宿命般的超人力量，似乎能理解又似乎不理解，似乎有意义又似乎无意义，半是光明半是黑暗，却永远是那么遥不可及、不可捉摸。这些宿命般的超人力量左右着他的生活，掌控着他的生计，而他自己却无从插手、无从改变，根本就是不可能理解。就像是一个被蒙起了双眼的人，被带到一个陌生的房间里进行一种他连规则都丝毫不知的游戏，而赌注却是自己的幸福、自己的生计，甚至是自己的生命。

对社会而言，个人应该拥有社会身份和社会功能，这一点和对个人的重要性是对等的。个体成员的意志、目标、行动和动机，若不与社会的意志、目标、行动和动机融合一致，社会就无以理解也无以接纳他。那些脱离社会、流落无根、未被社会融合的个人，不仅仅显得非理性，而且对社会构成威胁，成为一种起消解作用的、威胁性的、幽灵般的神秘力量。人间流传的那么多伟大神话——无家可归的犹太人、浮士德博士、唐璜，实际上都是关于已经失去或被剥夺了社会功能和社会身份的个人的神话，这也就绝非偶然了。丧失社会身份和社会功能，缺乏社会与个人之间的功能关系，这乃是少数族群所遭受的每一次迫害的根本原因。这些少数族群要不就是没有社会身份和社会功能——不被融入社会（如美国的黑人），要不就是被当作造成社会难以融合的替罪羊（如纳粹德国时的犹太人）。

处于社会中的个人必须具有明确的社会身份，这并不意味着其社会身份就必须固定不变。将"明确的"等同于"冻结不变的"，这正是19世纪初边沁之流自由主义者们的一大谬误。这是一种悲剧性的谬解，它导致一种否定一切社会价值的社会原子主义。当然，一个社会并不排除给予个人固定不变的地位和功能的可能性。通过将群体和个人融入宗教意志之中，印度种姓制度就体现了一种群体与个人之间明确的功能关系。

通过宣扬永恒的轮回转世直至彻底涤罪的宗教教义，这种制度获得了其合理性。正是基于这一点，甚至连所谓的"贱民们"都获得了一种社会身份和功能，使得社会及置身其中的个人生活对他们本人而言有了意义，而他们的生活也对社会有了意义并且不可或缺。因此，只要这一宗教信仰本身不崩塌解体，印度的这种社会制度对个人和社会二者就都不会丧失其合理性。⊖

从另一方面说，在美国以往的流动性极强的边疆开发区社会中，个人已经有了一种明确的社会身份和功能，就像种姓制度极端僵化、等级森严的印度社会中的贱民或婆罗门贵族那样。进而言之，甚至可以说，没有哪个社会像杰克逊、亨利·克雷或林肯时期的边疆开发区那样，在融合其成员的个人和团体之间的功能关系方面曾经取得过如此完美的成功。重要的是地位必须明确、功能易于理解并且意图合乎理性，而不在于是否固定不变，是否有弹性或是否流动。说每一个男孩都有成为总统的均等机会，与说个人都是生来命定、唯有设法逃避来世不再出生在同一种姓中一样，二者都明确定义了群体与个人之间的功能关系。

上文可以清楚地表明，无论何种社会，其社会与个人之间的功能关系的种类和形式，无不取决于该社会关于人的本质和终极圆满的基本信念。关于人的本质，可以是自由的或不自由的，平等的或不平等的，善的或恶的，完美的、可臻于完美的或无法臻于完美的。而终极圆满的实现，则可在现世或是在来世，可在于灵魂之不朽或东方宗教所宣扬的个

⊖　当然，这并不是说印度的社会制度是从印度宗教中生成的。即便印度教之所以发明，只是为了合理化由征服者强加的等级化奴隶制度，这与我们的论点仍然并不矛盾。毕竟，我们进行的只是一种纯粹的功能性分析，而不是一种历史哲学。

体灵魂最终隐灭，可在于和平或战争，可在于经济成功或子孙满堂。关于人的本质的信念，主宰着社会的意志；而关于其终极圆满的信念，则创造了实现这一意志的追求氛围。

这些关于人的本质以及人的终极圆满的基本信念，每一个都将引致生成一个不同的社会，以及生成一种不同的社会与个人之间的基本功能关系。至于上述诸般信念孰是孰非、孰真孰伪、孰善孰恶，或者到底是基督教的还是反基督教的，这些均非笔者在此论说的主题。关键在于，这些信念中的任何一种，都可以成为一个有效运作或能够有效运作的社会的基础，亦即成为个人在其中获得其社会身份和社会功能，从而各得其所、各司其职的社会的基础。反之，任何社会，无论其基本信念的性质如何，只有在赋予个人以社会身份和社会功能时才能有效运作。

具有合法性的权力本身正是根源于上述同一个有关人的本质和终极圆满的基本信念，这一基本信念使得个人的社会身份与社会功能得以依托其上。确切地讲，合法性的权力可定义为一种政治统治权，该统治权的正当性根源于社会的基本精神特质。在每一个社会中，都存在着诸多的权力，但都似乎与这一基本原则毫不搭界甚至南辕北辙，许多制度的设计与运用也不是用以践行这一基本原则的。换言之，在一个自由的社会中，也到处充斥着诸多"不自由"的制度；在一个平等的社会中，也总是涌现着诸多不平等；在一群道德高尚的圣徒周围，也不免挤满了许许多多的无赖。但是，只要正义还在，只要我们称之为政治统治权的那个决定性社会权力，没有抛弃自由、平等或道德高尚的基本诉求，只要它还是通过那些旨在践行这些理想目标的制度而行使的，那么社会就会作为一个自由、平等或道德高尚的社会而发挥功能，毕竟其制度构架仍然不失为一种合法性的权力。

当然，这并不意味着以下一点是无关紧要的：社会的那些非决定性权力和制度与其基本原则之间是否存在矛盾和冲突。事实上正相反，那些最严重的政治问题，往往正是发端于诸如此类的冲突。并且，一个社会将会发现，某种非决定性的制度或权力关系尽管只是非决定性的，但由于与其基本信念过于截然不同，以至于会将社会生活推向危急的边缘。这方面最恰当不过的实例便是美国内战，当时人们感觉到南方的奴隶制度构成了对自由社会整个结构的威胁。但毫无疑问，战前美国的决定性权力具有充分的合法性，因为其主张源自自由原则，而且正是通过专门为实现自由而定制的制度来践行的。美国当时确实作为一个自由社会发挥着其功能。而且，也正是因为它是这样发挥功能的，所以它才感觉到奴隶制度是一种威胁。

在任何一个社会中，什么是决定性权力，什么是决定性的制度组织，这是不能用统计分析来确定的。

通过计点人数、援引税单或比较收入水平的方法去衡量一个社会，这是徒劳无益、毫无价值的。因为"决定性"乃是政治的，由此也就意味着它只能是一个纯粹定性的术语。英国能够拥有土地的绅士从来只占人口的一小部分，而且自商人阶层与制造业主兴起以后，绅士阶层所拥有的财富和收入也只占全国很小的一份。但是，一直到我们这个时代，他们仍然掌握着决定性的社会权力。他们拟定的制度构成英国社会决定性的制度，他们秉持的信念构成社会生活的基础，他们订立的标准构成代表性的标准，他们的生活方式构成社会的楷模。而其理想化人格——绅士，依然是一切社会的理想类型，其权力不仅是决定性的，而且也深具合法性。

同样，法律和宪法很少能够告诉我们决定性权力到底何在。换言之，统治权力与政治政府两者并不等同。统治地位乃是一种社会权力，而政治政府则主要属于法律范畴。比如，1870～1914 年期间的普鲁士军队，在德意志帝国宪法中几乎未被提及，但它无疑掌控了当时的决定性权力，并且还似乎具有合法性。那时的政府受到军队控制而变成了事实上的军人政府，虽然看上去还苟存了一个通常是反军国主义的文官议会。

另一个例子是英国在某些非洲殖民地的"间接统治"。在那里，社会的决定性权力仍然属于其部落内部。至少从理论上说，白人管辖的政府根本并不掌控社会权力，它只是将自身职能限定于设计建构用以支持和维护部落社会组织治安的警察事务，使部落处于一种松散而纯粹的"法律和秩序"的名义框架之下。尽管从宪法上讲，总督及其政府内阁的确拥有绝对权力。

最后，必须注意"合法性"只是一个纯功能性的概念。事实上，根本不存在绝对的合法性。权力仅当与基本社会信念相容时才能合法化。"合法性"的构成要素必须根据具体社会及其特定政治信念才能确定其内容。一种权力只有被社会普遍接受的道德伦理或先验原则认为正当合理的时候才是合法的。无论这一原则本身的道德伦理善恶、先验真伪如何，都与合法性无关，这一点与其他正式标准本身都必须具有伦理和先验合理性并没有什么不同。合法性权力本身当然具备社会功能，至于其发挥功能的动因及其功能宗旨本身是什么，这一问题则完全外在于并先于合法性问题本身。

而正是由于没有理解到这一点，导致了 19 世纪初将一种政治信条称作"正统主义"的谬误。当然，1815 年的欧洲保守派们，他们有权力宣称专制君主统治下的社会是最好的社会。什么是理想的社会或者什么是社会的基础，抱持对此的相关观点不仅是人的权力，也是人的责任。但是，那些保守派认为能够发挥社会功能的社会除了君主专制社会外，舍此无他，这种观点也的确是混淆了价值化选择与功能性分析。而且，他们对只有专制君主制度才具有合法性这一信条的宣称，本身也很可能是错误的。事实上，在拿破仑战争以后，绝对的君主专制制度在欧洲已经丧失了合法性，封建性王朝原则对于决定性权力也已不再是一种合法的主张。1815 年以前半个世纪的革命，已经改变了社会的基本信念，除了宪政政府外，其他任何政府都被认为已丧失了合法性。这一变化无论是令人向往还是令人生悲，都已经成了一个无法改变的事实。正统主义者们也许曾经试图尽力抹杀这一信念的变化，他们也许曾经坚持认为，不具合法性的专制统治无论对个人还是对社会都比合法性的宪政统治更好。或者，他们也许还可诉诸"抵抗的权力"——要么退出，要么革命。他们唯一不能再主张的就是将政治依据建基于合法性观念之上。

关于何为合法性权力的功能性分析，丝毫不涉及臆断个人是否具有抵抗他认为有害的权力的权利或责任。社会毁灭是否比正义毁灭更好，乃是一个超出并且先于功能分析范围的问题。那些坚持不懈地认为社会只有在合法性权力统治下才能发挥功能的人，同时也完全可以认定，相对于某些个人权力和信念而言，社会并不具有更高的价值。但是，他不能像那些正统主义者那样，认定他的价值观和信仰因为"应该"，所以就"必然"地成为被社会普遍接受的价值观和信仰。

不具合法性的权力，其主张并非源于社会的基本信念。由此，就不可能识别出掌控权力的统治者行使权力时是否遵循了权力的目的，因为社会目的并不存在。不具合法性的权力无法加以控制，而且本质上它也是不可控制的；更不能让它负起责任，因为缺乏责任的标准，在其正义性上也不存在全社会公认的最终权威。而凡是正当性得不到证明的权力，都是无法担负起责任的。

基于相同的原因，这种不具合法性的权力也非常难加以限制。限制权力的行使就是划定界线，超出了这一界线，权力就不再是合法的，也就是不再体现基本的社会意志。并且如果权力本身一开始就不具有合法性，也就并不存在界定合法性与否的界线。

任何一个不具合法性的统治者都不可能成为好的或明智的统治者。不具合法性的权力必然走向腐败，因为它仅仅只是一种"强权"，而绝不会是权威。这种权力不可能受节制、受限制，它难以承当责任，也难以理性地终止。甚至从塔西佗在其《罗马帝王史》中给我们所提供的一个又一个案例研究开始，政治中就形成了一条颠扑不破的自明公理——无论什么人，不管他多么善良、多么英明或多么明断，在掌握了不受节制的、无限制的或不能理性终止的权力后，都无可避免地很快蜕变为独断专制、残忍暴戾、不近人情和反复无常者——换言之，即暴君。

基于上述如许原因，一个社会，如果其决定性权力本身不具有合法性，该社会就难以作为社会正常发挥功能，整合维系社会的力量只能依赖于野蛮残暴的武力——暴政、奴役、内战。当然，任何一个权力都必须有暴力作为其最后屏障，但是在一个功能社会中，它仅仅只能用作对付各种异常而罕见的弊病的最后补救措施。功能社会中的权力是作为一种权威得以行使的，而权威则是超越于强权之上的统治权力。然而，只有具备合法性的权力才能拥有权威，才能指望并要求社会自律，使得组织化、制度化的社会生活成为可能。而不具备合法性的权力，即使由最善良、最明智的人掌握着，也只能依赖暴力来达成社会的服从，除此之外再难以指望别的什么。基于这种社会运转基础，功能性的、制度化的社会生活不可能建立起来。即便是最好的暴君也只不过是个暴君。

那么，至此我们业已证明了一些什么呢？那就是：一个社会，除非赋予其个体成员以社会身份和社会功能，除非其社会决定性权力具有合法性，否则就不能发挥功能。这也许可称之为一种"纯社会理论"。像所有"纯理论"一样，它仅仅是形式性的，而没有涉及社会的内涵，也没有涉及自由、宗教、平等、正义、个人权力、进步、和平安宁以及一切其他社会生活的价值观。如果像今天许许多多的社会效率谋划者那样，认为发挥功能是社会生活中唯一重要的事情，这完全是对纯粹效率的局限性和重要性的一种误解。如果我们不能够搞清楚效率是为了何种目的，效率的达成又要付出何种代价，那么功能的效率本身就毫无意义。

当然，我也不能完全摆脱那种相对主义者的视角，即认为只要功能发挥正常，所有的社会就都一样好。但是，另一方面，我确实反对那些极端主义者，他们将一切功能和效率问题抛诸一边，除了基本信念和基本观念外，他们也拒绝思考任何事情。在我看来，这一群体——姑且称之为"绝对主义者"，不仅无视基本价值观只能在一个功能社会中产生效果这一事实，而且对于功能社会唯一的替代形式，就是社会瓦解为一群无政府状态的乌合之众，对这一事实也视而不见。

也许我们这一时代最大的谎言莫过于将无组织的、无社会的、一盘散沙般的群氓说得天花乱坠的神话了。而实际上，群氓不过是社会瓦解、等级崩塌的产物。

危险并不在于奥尔特加·加塞特所设想的"群氓的造反"。毕竟，造反仍然是一种参与社会生活的形式（虽然是以抗议的形式）。群氓根本不可能形成以社会价值观和社会组织为先决条件的积极的社会参与。而群氓的危险也恰恰在于这种无能力参与，在于其无动于衷、犬儒主义的漠不关心，以及彻底的绝望。由于他们没有被赋予社会身份和社会功能，因而社会对于他们而言，不过是一种恶魔般的、非理性的、不可理喻的威胁。由于他们缺乏可作为合法性权力基础的基本信念，因此任何合法性权威对于他们都不过是残暴和专制的代名词。因此，他们经常热衷于听从各种非理性的呼吁，也愿意服从于专制暴君，只要这个暴君许诺变革现实。作为被社会遗弃的贱民，群氓失去的只会是锁链。由于缺乏组织导致一盘散沙，他们也就没有一个属于自己的架构，可用以抵抗专制暴君使他们就范的企图。由于缺乏信仰，除社会秩序外，他们总是轻易相信任何东西。换而言之，群氓总是落入那些善于煽惑人心的政客，或者为权力而追逐权力的暴君设下的圈套中。他们只能用暴力、奴役和消极否定的方法组织起来。而且他们也必须如此组织起来，除非他们能被重新融入一个功能社会。如果一个社会不能有效地避免或者阻止乌合之众似的群氓的形成和发展，那么它就注定在劫难逃。未能将成员交融整合起来乃是社会的过错，而不是作为社会瓦解副产品的群氓的过错，不过这么说并没有改变鱼龙混杂、组织涣散、基本上处于无政府状态的群氓的毁灭性特征。

19 世纪的重商主义社会

1

在上一次战争之前的 150 年里的西方世界，无疑存在过一个功能性的社会——一个通过共同意志整合成员，并且由合法性权力统治着的社会。它不仅是一个功能性社会，也是一个自由社会。而社会如果不是功能性的，那么就不可能是自由的。但是，无论从哪个角度看，19 世纪的社会都难以说是一个工业社会。虽然事实上它成功地掌握了一个日益壮大的工业现实，但是这一点它从来就不是有意为之的，社会组织过程也从来没有为达成这一任务而进行过。从社会的起源、目标、信念和制度这些角度而言，19 世纪的社会即使不能说是反工业的社会，也只能说是一种前工业社会。

尽管我们的文明在 19 世纪日趋成为工业城市的文明，但我们的社会形式却仍然处于以乡村社会支持和环绕商业城镇那么一种形式。这是一个重商主义社会——虽然商业流行，但仍然是乡村式的。那时我们实际上是尽力将工业现实拒于我们的社会生活之外。因为工业现实在我们看来似乎污浊不堪、粗俗难耐，似乎与我们真正的价值观毫不搭界。现在，有许多城里孩子因为从来没见过牛就被大家认为很丢脸——这一点确实如此。然而有更多的人——尤其是在欧洲，从来没有进过工厂，这却更令人难以置信。但事实上那时我们大家都认为进工厂是世上最自然不过的事了，究其原因，恰恰是因为工业体系尚未融入我们所生活的社会秩序中。

这一情况在英国表现得最为明显。在 1914 年之前，英国一直代表着欧洲社会组织和社会理想的标准模式。英国是最彻底的工业化国家，农业几乎全然消失。然而，英国那时却也可以说是重商主义社会基础奠定得最牢固并且发展得最成功的国家。在 19 世纪的英国，居支配地位的社会理想阶层"绅士"，基本上被定义为与工业体系毫无关系、生活在前工业秩序之中的人。典型的是，整个社会对地位上升中的城市中产阶级所做的让步，只是将专业人士和商人接纳为绅士阶层。由此，外科医生和律师成了绅士；出口商人、股票和商品经纪人、银行家、批发商、保险代理人和船主也都相继成了绅士。但是，唯独制造业一直没有能够成为绅士的职业。直到 1935 年，年轻人还是宁愿在一家小保险代理公司当低级合伙人，也不愿意到一家制造业公司做薪水高得多的行政管理工作，理由不过是："城里起码还是一个绅士适合待的地方。"

在当时英格兰的社会生活中，几乎只有一种理想楷模和社会榜样，那就是乡村绅士。这一楷模不仅受到来自上层阶级的称颂，也深受小职员和产业工人的认可和肯定。它构成了他们对社会的观念，模塑了他们的行为和礼仪标准，并且成为固定的明星，充当着他们据以自我定向的参照和在社会中自我定位的基准。而那时的工业界却没有社交生活，没有社区，也没有组织。英国自 1830 年以来所出版的小说可谓汗牛充栋，难以尽数，但描写的都只是乡村生活或伦敦的生活，这一点也就绝非偶然了。据我所知，唯一的例外只有阿诺德·贝内特，他记述了当时多数英国人生活其间的工业城镇生活。

大约 100 年前，迪斯雷利就曾说过英国存在着"两个民族"：农业 – 商业民族和工业民族。而实际上，一直到我们这个时代，这二者中的后者仍未被整合融入社会之中。虽然较之 1838 年英国仍主要是一个商业国家时的工业化村落而言，1938 年英国中部地区和北部地区那些烟囱里浓烟滚滚一片繁忙景象的巨大工业城，在政治上已经变得重要多了，但是在社会和文化方面，这些工业城市仍然处于边缘的地位。社会治理的基础当然得到了拓展，更多的人成了"绅士"。手艺不再被视为丢份儿，甚至有的手艺被社会赋予了一定的社会声望。爱好猎狐的乡绅，对许多人而言已显得滑稽可笑——尽管笑他们的人多属本阶层。然而，英国的社会信念和理想、行为的规范、生活的方式以及衡量个人及社会抱负的尺度等，从英国伟大的社会分析家简·奥斯汀以来就几乎没有什么变化，奥斯汀描绘了 19 世纪初那一代人的生活画卷，那时候商人还刚刚成为绅士，而制造商和产业工人却仍属异类，以至于根本未在她的书中提及过。

直到当今时代，工业群体——无论是工人，还是雇主，都似乎仍然心满意足、心安理得地听命于绅士阶层。他们似乎总是希望由绅士来领导并负起责任，一遇到什么现实的危机，他们就转向绅士——当然，这种状况一直延续到1914年，而大部分甚至到1940年才总算有所改变。一直到1926年发生总罢工，交通运输协会（该行业工会总部）和英国钢铁联合会才开始直接介入政治。

绅士所执掌的领导，绅士所承担的责任，绅士所积累的政治智慧，无疑是一种高雅的秩序所需。那些试图揭露乡绅阶级和"校友圈子"不过是一帮反动的篡权夺位者的宣传，实在是最不明智的了。就像历史上任何一个统治阶级一样，他们虽然也沾染着愚昧、贪婪、目光短浅和权力欲等毛病，但他们无疑有着非同寻常的政治直觉和政治责任感。他们也真正而忠心地代表着工业化后的英国所仍保有的那种重商主义理想和信念。再要找到一个像他们那样优秀或比他们更优秀的阶层几乎是不可能的了。麦克唐纳、鲍德温和内维尔·张伯伦等代表着工业价值观和工业信念的领袖们，他们的最先一批试验，并没有太多鼓舞到人心。一直到本次大战以来一直统治并且代表着英国的绅士阶级，以他们的全部美德以及缺点，构成了前工业时代重商主义社会的社会人物的理想类型，他们有着前工业时代的重商主义理想和信念，他们也从那种前工业时代的半乡村、半商业化社会的意志和观念中导出了其对权力的诉求主张。

在欧洲大陆，1918年之前的150年间的社会秩序和政治组织，不仅是前工业的，还具有反工业的性质。

直到当前的这场战争为止，法国也有着与其海峡对面的英国绅士一样坚定不渝的社会理想："自耕农"的理想。从罗伯斯庇尔时期到贝当时期，独立躬耕于自己的土地之上且基本实现自给自足的农场主构成了法国社会的理想代表人物。并且，从拿破仑垮台以后，法国政治和社会生活中的所有大人物几乎都来自这一阶级，操着这个阶级的语言，秉持着这一阶级的信念。他们也都期望，作为其成功人生的一个合适的回报，他们退休之后能够成为一个独立的小农场主，享受着田园生活。而那些中产阶级的其他成员，虽然不得不在城市营生，充当着公务员、职员、店主、律师或医生的角色，他们也和这些伟人一样有着这种人生理想。他们的志向目标就是积攒了足够的钱后便急流勇退，尽快返回到自己所拥有的小农场上，过一种恬淡朴实、独立自在、悠闲雅致的田园生活。

一种流行的观点认为，在 20 世纪 30 年代的大萧条时期，工业失业在法国算不上什么大的现实问题，因为大多数失业者可以回家返归农场。这一论点虽然没有包含多〔　〕真理性的内容，不过它在法国内外被普遍接受这一事实，生动地表〔　〕〔　〕寄托的社会形态。法国的生活方式曾是整个西欧社〔　〕〔　〕反工业性的生活方式。它明确地代表了〔　〕信念认为乡村式但又商业化了的重商〔　〕〔　〕成就，是达于极致的创造。而基于 19 世〔　〕不可能达成的便是将社会组织成一个工〔　〕平均和谐、高贵典雅和人道主义的社会〔　〕了巨大的吸引力。但是所谓"成也萧何，〔　〕质，也构成了法国未能成功实现工业化〔　〕会身份和功能的主要原因，也导致了法〔　〕别无长物。当然，这在 1914 年之前也〔　〕国的社会现实大体上是符合其重商主义〔　〕后的法国，由于工业进程的巨大张力，〔　〕冲突就变得已经无法忍受了。

〔　〕工业似乎真是令人憎恶，它否定摒弃

管理的终极之善是改善他人的生活

了一切他们所信奉的价值。由于认为没有财产就不会有人的尊严和人之美德，他们向产业工人报以惧怕而又憎恨的目光，视其为天生就缺乏尊严和充满邪恶。没有任何一个国家有着像法国那样深刻的阶级仇恨，也没有任何一个国家其主流社会与产业工人之间的社会接触像法国那样少。巴黎的工业郊区、波里纳的幽僻贫困、法国与比利时边境的矿区，这些令人不忍目睹的工业现实仿佛都被一条无形的隔离线与悠闲典雅的社会分隔开来。这些地方又像是聚居区，又像是被围困的堡垒，它们都被置于周围中产阶级的严密监视之下。这些中产阶级最后居然认定，宁愿被一支外国军队征服，也不愿赋予工业体系中的人们以责任和社会身份。

即便是工业雇主，也像产业工人一样几乎没有被接纳进法国主流社会。尽管财大气粗、组织良好而且令人羡慕，法国的工业经理们对普通法国人而言，仍然是神秘莫测、令人疑惧的人物。在中产阶级看来，工业生产的过程好像是个黑色魔术——令人完全不可理解，而且异常恐怖。这一点在法国中产阶级对待投资的态度上体现得可谓淋漓尽致。那些最为精明、最为审慎，而又最具商业头脑的有产者，竟然就是分不清不折不扣的骗局与真刀真枪的工业企业经营之间的区别。他们在投资时似乎总是搞不清向一家在制糖业中早已地位稳固的百年老厂投资，与向在撒哈拉沙漠中心修建溜冰场这种计划进行投资有什么区别。原本简单的工业制糖过程对他们而言是如此神秘难知，他们觉得那简直是毫无理性的天方夜谭。

其他许多迹象也表明，当时法国的社会基础，基本上是前工业的和反工业的。一个虽然不一定重要但却是特征化的事实是，当时法国最大的技术学校是一所公路和桥梁建筑学校，两者都在18世纪的前工业社会

中发展起来并备受珍视。面对活生生的工业现实人们毫无意识，由此也
就导致了对工业雇主的力量毫无意识。就连 1935~1937 年的人民阵线，
名义上虽是工业劳工的政府，但其抨击的对象却不是工业雇主的权力，
而是假想中那唬人的"100 个家族"——1848 年的大商人和大银行家家
族的权力，而这些权力实际上在 1918 年之后就已经转移到了工业经理及
其行业协会手中。

　　法国社会当时对工业的理解仍然停留在 18 世纪的水平。一家拥有 1
万名工人的工厂，仍被看作一间拥有 3 名工匠和 4 名学徒的手工作坊的
放大版本。整个社会无视一家现代工厂的经理与裁缝师傅或鞋匠相比，
早已不可同日而语。它一方面不懂得需要对经理们的权力施加限定，另
一方面却又对其僭取的权力愤懑不平。没有其他任何国家曾像两次大战
之间的法国那样，其工业管理者们一方面极其专权自负，另一方面又极
度缺乏安全感。

　　1918 年之后国家巨大的工业扩张，更加将真正的社会和政治决定权
迅速推向经理们的怀抱。而与此同时这一权力却依然犹如无根浮萍，与
整个社会的价值观和信念一直处于公开而直接的冲突状态。我们时代的
社会和精神危机，没有哪儿比法国 20 世纪 30 年代早期更明显的了；这
种危机存在于一种革命的氛围之中，并且比起莱茵河东岸导致了实际革
命的那种危机显然更具有威胁性。

　　在普鲁士——而且或多或少也可以说是在整个德国，情况与英国或
法国在一个重要方面有着很大的不同，那就是：普鲁士从来没有成功地
发展出一个真正统一的重商主义社会。从文化和社会上讲，其理想的社
会类型和主导性社会秩序还属于重商主义社会类型，其代表群体则是专

业人士、大学教师、文职公务员、商人和银行业者组成的中产阶级。但
是，其政治权力，却掌控在反重商主义的"容克"地主手中。

从渊源上说，"容克"本是乡村的中上层阶级，其经济地位和社会信
念与英国的乡绅非常相像。如果仅仅因为其姓名前有一个作为高贵象征
的"冯"（von）字，就把困窘而僵化的路德派的"容克"们当作贵族，这
简直是离题万里，远离了真实状况。鉴于对作为军官的一份薪水以维持
生计的依赖，以及梦寐以求晋到少校军衔的仕途野心，"容克"实际上也
就像英国拥有土地的乡绅和法国的自耕农一样，不过是 17 世纪和 18 世
纪商业革命的产物而已。在经济上，他们依赖于向国家出售其服务和向
城市出售其农产品。从社会而言，他们不过是集权国家的产物，而常备
军队、城市以及集权国家，本身都不是封建主义的产物，而恰恰是封建
主义遭到毁灭的产物。"容克"尽管身属中产阶级，但其心态却是反重商
主义的。他们穷困潦倒；他们属于路德派教会并坚信贪欲的危险；尤其
至关重要的是，作为职业军人，他们不愿意将个人私利作为道德行为的
指导准则。

"容克"与自由派城市中产阶级之间的相互敌对状态，给德国的发展
带来了极其严重的后果。这种对抗，使得拿破仑时代普鲁士的伟大改革
家施泰因、沙恩霍斯特和格纳森们，试图在 19 世纪的普鲁士开创一个成
功而统一的重商主义社会的努力最终归于失败。它造成了德国社会人格
的根本分裂——而这正是隐藏在一切"两个德国"或"德国——化身博
士的双重人格"之类妄言背后的真相。最后，它还得部分地为那种保守
性的幻想负责，"容克"居然幻想希特勒也会变成一个保守派，理由是他
也反对自由派的中产阶级。

　　包含于前工业社会内部的冲突，赋予了德国的工业生产者们（包括雇主和工人双方）比在法国或英国更为突出的地位和威望。表面看来，19 世纪的德国似乎比英国和法国都更接近于问题的解决。19 世纪 80 年代由"容克"们倡导的给工人提供某些社会保障的社会立法，起初似乎确实提供了一条真正的社会融合之路。德国的银行与工业之间紧密的金融联系，也似乎使全国的经济一体化看到了曙光。但实际上，德国未能融合的状况远比它的西边邻居们糟糕得多。因为这种前工业的社会在西边邻居们那里是统一的，并且发挥着功能，而在德国却是分裂的，并且混乱无序。这样，在西边邻居们尚能抓住"最后一根救命稻草"而一息尚存，保持着一定的社会承受力时，德国早已因不堪重负而陷入混乱、分崩离析了。

　　美国的情况则与工业欧洲的情况极其不同。乍看上去，这个国家的社会似乎已成功地实现了向工业社会的转变。欧洲大陆上极其突出的城乡冲突在这里似乎是销声匿迹、无足轻重了。它也不像英国那样存在着一个前工业时代的统治阶层。不过，尽管美国与欧洲之间基本上没有什么可兹比较的基础，但美国的价值观、信念和主导性社会秩序，也仍然属于前工业社会的形态，而且也还尚未发展形成一个功能性的工业社会。大致说来，还是那句老话说得不错，这个国家是杰斐逊的社会信条和汉密尔顿的现实的混合物。有着个人自由的农场主，作为在自己的土地上独立自主、自负责任的公民，已经充当了美国的社会与政治理想的典型代表。但是现代化的大批量生产工业，也已经成为代表性的社会现实。

　　美国的社会信念和社会理想的前工业时代特征表现在，"边疆开发区"总是处于美国政治思考的核心性重要位置上。而这一点可以解释为什么以下的危险谬论能够流行，这种谬论认为：由于不再有可自由垦植的土地，我们的基本社会政治制度正日益遭受着威胁。新大陆上独立自由的农场主的边疆开发区，也许是一个仍处于乡村式的重商主义商业社会最符合逻辑的——当然也是最成功的伟大社会理想。它不仅仅是前工业时代的，而且就其排斥一切社会功能性的组织而言，它还是直接反工业的。

美国社会的前工业特征，还表现在美国那些成功故事的典型模式上——这种典型性既体现在虚构的也体现在真实的故事中，这种故事总是从某个新英格兰或堪萨斯州的贫穷农场上的童年开始；总统竞选运动中那些老套路的"小木屋"故事，不过是这一伟大的美国传奇的一个传统惯例化版本而已。这一事实表明，其成员多数经由农场选票选出来的政治机构——参议院，已成为所有经由选举产生的机构中最受人尊敬并且被认为是最忠实地代表了整个国家的机构。那种认为只有新来移民才去做非熟练工人的传统信念，以及那种认为土生土长的美国人总是能够独立于工业体系之外（充当农场主、店主、专业人员）的传统信念，同样反映了这一社会的基本的前工业性质。此外，在美国南北战争前属于南方的地区，有着浓重的意识性反工业主义，及其代代相传于乡村的统治阶级的前工业残余。

当然，美国人对机械学所怀有的巨大热情，也许某种程度上表明这个国家比欧洲离问题的解决更近了一步。但是，机械和技术天赋就其自身而言并不是药到病除地解决社会问题的灵丹妙药。较之昨天的欧洲代表性群体眼中那充满敌意、遥不可及而又令人疑惧不堪的工业的形象，对于典型的美国人而言，工业无疑有了令人尊敬、振奋人心并且贴近生活的品性。然而，这个国家的价值观和信念，却仍然是那种传统的社会的价值观和信念，没有大公司，没有大批量生产，没有永久性劳动阶级，没有强大的管理层力量。从心灵深处看，普通的美国人其实是人民党人。直至今天，人民党主义的骨子里仍然主要包含着对工业体系现实的拒绝认同。

2

通过将个人整合融入市场，重商主义社会赋予了个人以社会功能和社会身份，而市场上的合法性权力则掌控着社会的决定性统治。

市场通常被视为一种纯粹的经济性制度，但其实它本是 19 世纪处于中心地位的社会性制度。置身市场并且通过市场，19 世纪掌控起了它的物质现实。置身市场并且通过市场，它也表达了自己的基本信念和目标。19 世纪将人的本质视作"经济人"，将社会的目标视作通过经济发展建构起自由和正义。相应地，个人则通过行使其个人财产权参与到社会中来，而这种权力，也构成了市场上的合法性权力的基础。

财产在社会生活中一直处于至关重要的地位。它自始至终都构成社会声望和政治权力的一个源头。较之 19 世纪西方世界商品的日渐丰富和经济上的贫富差距通过市场方法日趋得到平抑，20 世纪的商品极度稀缺，财富分配在穷人与富人之间有巨大差距，这就使得财产在 20 世纪比在 19 世纪更加彰显了其对个人的重要性。可以确定的是，由于在维持生计上日渐容易，因此个人也变得不再那么蝇营狗苟唯利是图。只要读一读简·奥斯汀的作品，再把她有关 1800 年的英国中上层阶级的描写与 100 年后的同一阶级做比较，就可以发现，在重商主义的世纪中，那种对财富和金钱的贪欲在个人的行为动机中正一步步变得不再那么凸现。而日思夜想、最强烈最迫切地抱持着那种拥有属于自己的财产的欲望的人，反而是那些最远离市场，并且对市场最充满敌意的群体，比如极度缺乏土地的爱尔兰人和巴尔干的农民。

那种人所共知的指责，即重商主义社会以其唯利是图的"营利主义"使人蜕化成了只知道抓钱的猪猡式的守财奴，完全是毫无根据的伪妄之辞。而且更重要的是，这种说法将个人行为和社会结构也混为一谈了。

重商主义社会并没有使人变得对经济财富更感兴趣，它并没有改变人类的本性，而且事实上也没有任何社会能够真正改变人类的本性。人们在其经济生活中总是要努力获取经济成功，这与他们在其他一切生活领域也都会去努力获取成功并没有什么不同。即便"经济人"作为社会理想的类型慢慢淡出视线以后，人们在其经济生活中仍然需要获取经济成就。未来的银行从业者，或者其他承担信贷经纪人功能的任何人，在经营或者执业中主要总是以营利为目的，或者总是以从其管理中获取报酬为目的，而不是为了"获取健康"或者其他什么非营利性目的。不同的人面对不同领域的事业活动中的不同报酬，会有着不同的价值评价。但显然存在着基本的人的类型，他们以不同的活动追求着其个人的满足。而且很可能的是，这些类型及其各自在总人口中所占的比率在整个历史上大体保持不变，并且从整个世界范围来看也大致如此。

但是，所有这一切都与社会没有或几乎没有什么关系。从社会角度看，重商主义社会给财产赋予了一种全新的意义。在以往，财产一直被看作社会秩序的结果。人们获取财产的资格通常与他们的某种社会身份相联系；或者，他们获得财产是作为他们在某一突出的社会领域所取得成就的回报。财产过去是作为社会身份和社会功能的附属物的。但是，重商主义社会却将其颠倒过来，把财产看作社会身份的原因。它使得个人财产权的行使过程体现为个人的社会功能。它使得经济报酬成为社会意义上的报酬，使得经济声望成为社会重要性的决定声望，使得经济活动成为社会的代表性活动。

　　从纯粹统计数字上看，主要致力于获取经济收益的人数在 19 世纪的社会可能与先前的社会一样多，而不通过市场满足自身需要的人也可能一样多。然而，社会并不是一个纯粹统计的问题，而是要看其重点所在。值得关注的不应该是数字，而是隐藏在统计数字背后的起选择和组织性作用的原则与信念。决定社会特性的不是主导性的社会领域，而是具有代表性的社会领域。而重商主义社会的重点所在、选择和组织的原则、具有代表性的社会领域，都聚焦于经济活动之上，这种经济活动基于个人财产权并通过市场彰显出来。

　　财产权本身是不变的，但是它的社会意义和社会效果却是变化的。洛克在 17 世纪接近尾声时说过：某物之所以成为某人的财产，乃是因为此人在此物上附加了自己的劳动。这句话代表了一种作为社会基础和作为社会权力正义性的革命性激进的崭新财产观念。财产以往被定义为人类行动和社会权力的目标，现在它成了社会行动的工具。这也正是亨利·梅恩爵士的著名警句"社会进步是身份到契约的运动"的含义。梅恩说，以前，首先是身份确定人与人之间的关系，然后再据此衍生出人与财产的关系。现在则是颠倒过来，由财产与财产之间的关系——这是契约的本质，决定着尚无其他社会关系的人们之间的身份关系。换言之，正是通过财产，个人才得以被整合成为群体。

这一新的财产观念意味着整个经济领域都得受市场支配，每一样东西都必须能够转化为财产。由此，坚持市场体制意味着必须将经济生活中的一切基本因素都视为商品并且作为商品来对待：土地、劳动力、金钱。那种认为土地与其他财产或劳动力与其他财产在类型性质上有所不同的主张，是不能容许的。因为这种主张会导致需要对社会进行非市场的整合，而且这种主张将会构成对"经济人"的否定。工人必须被视为拥有一种被称为"劳动力"的商品财产的人——这种财产与其他任何财产并没有什么不同。因为由此工人才能被认为有能力和资格通过市场参与社会活动，通过这种活动实现其作为"经济人"的本性，并且在这种活动中，他得以获得其社会身份和功能。

最重要的但也最不被理解的，是如何组织市场内部的决定性社会权力。根据教科书的说法（即使是那些承认财产功能是 19 世纪社会的合法性社会权力之基础的少数教科书），重商主义社会的社会经济领域不存在统制。经济活动中不存在统制，在传统上被看作"自由放任"的典型特征。然而，这一信念仅当"统制"一词被最狭隘地定义为政治主宰的意思时才站得住脚，才真正有意义。而从其他任何定义角度，这种传统信念的真实性都大有问题。许多作者坚持认为经济领域实在过于重要，不能任其没有统制，而且需要有政府介入。他们这么认为当然是完全正确的。他们错只错在认为他们自己是在批驳自由放任或是在抨击重商主义社会。其实他们所抨击的要不就是他们自己所主观臆造的一个令人厌憎的怪物——"无政府主义市场"，要不就是 19 世纪的自由所主要依傍的那种政治原则，这种原则主张将政治政府与社会决定性领域里的统制分离开来。

其实，所谓无统制、无正式建立的管理机构的"无政府主义市场"从来就没有存在过。自由放任的意思不过是指政治政府的管理只被限制于狭义的政治领域，越出这一范围的管理就不再具有合法性。然而，市场有其自身的合法性权力。它有着自己的统制和权威机构，尽管这些统制和权威机构不属于政治领域的政府。经济领域的统制者们，也像政治领域的政府一样，满怀着各种权力动机。他们就像议会或国会那样充分耍弄着权谋伎俩，只是他们各种活动的动机、目标和手段，有别于且独立于政治领域本身的动机、目标和手段而已。总之，自由放任并不是别的什么，而只是要求政治领域的政府遵守不同领域和统制规则的职能分工而已。它不仅不反对市场的规则，而且要求发展这类规则。

通过自由放任的理论要求，市场不仅保护了自身免遭政治政府的干预，还通过形成自己的政治制度而将政治政府排斥在外。这其中，最重要并且最强大的莫过于国际金本位制。

金本位制使货币和信用服从于最完善的市场——国际贸易的支配。

从经济上看，一旦一国的工业的成长超越了初始阶段，再将国内商业置于对外贸易平衡的支配之下就丧失了正当的理由。只有在英国，对外贸易对经济的重要性才到了需要保证其首要地位的地步。但是，即使是在英国，如果当初对外贸易与国内信贷及利率之间不存在这种直接联系的话，工业体系从经济上说不定会表现得更好。1931 年，随着金本位制被废止，这一直接的联系自然被切断，其后的实践证明金本位制的传统理由并不成立。对类似美国这样的国家来说，其对外贸易基本上只处于边缘地位，人们更多关注的是工业，因而金本位制在经济上很可能就弊大于利，成了一种负担，而不是优势条件。

但是，这种从经济效率视角对金本位制的讨论完全是一个错误。因为，金本位制更重要的是一种政治制度——一种工具，用以建立凌驾于工业体系之上的市场霸权，也用以维持政治政府与社会的并列地位，以及随之而来的重商主义社会的政治自由。随着货币和信用自动由市场流转来决定，创造信用的权力就不再由政府控制。而金本位制正是阻止政治政府觊觎该权力和该领域的制度障碍。重要的是，它不仅使市场把握控制着工业体系，而且防止了政治政府对工业体系的侵蚀。

即使那种试图通过金本位制把工业体系置于市场控制之下的努力被证明无效之后，金本位制至少也保证了工业领域处于一个非个人化的区域——该区域是市场社会与多数统治的政治政府之间的缓冲区。1918 年以后，尤其是 1931 年以后政府对这一缓冲区的侵占，在经济制度领域的最大意义就是它意味着作为社会的市场的坍塌瓦解。1918 年以来动态信用政策的发展——始于美国联邦储备系统的"开放市场"政策，在瓦解重商主义社会所基于的政府和市场并列状态方面，也许是最具有决定性的一步。因此，将货币和信用置于工业生产的从属地位，这是目前各国的战争经济中异常突出的做法，这无疑是一种具有根本性和决定性的改变。

3

将市场发展到一个完美程度应该归功于英国。也正是作为最成熟的重商主义社会这一角色，给了英国领导 19 世纪社会、经济和文化的地位，并使它成为代表着 19 世纪的国家。然而，任何一个有过英国商务经历的人都知道，英国社会经济领域并不是没有规则，个人自利的机械行为论不过是一个不实的神话。直到 20 世纪 30 年代的初期和中期（其时笔者本人就在伦敦城工作，从业于被认为是所有职业中"最自由的"国际银行业），旧的市场性质的重商主义政府依然还在发挥功能。尽管已经风光不再，已经只是 25 年或 50 年前状况的一个缩影，但它依然是一条强大、高效而又铁面无情的规则。没有任何商务人士——银行家、股票经纪人、批发商或保险代理人，能够承受漠视这一规则的代价。将适度建构起的市场权威规则甩到一边，意味着将迅速受到惩罚。即便是那些金融大亨或商业巨贾，也不能够长久地刻意违反这些规则或统制者的管理规范。否则，违背者所得到的惩罚对其企业将会是毁灭性的。这一经济死刑的判决将由统制者宣布做出，并且执行起来将迅速而毫不留情，还不可上诉。

市场管理者行使其权力都是通过典型的市场化制度机构进行：中央银行、证券交易所、货币市场、商品交易所、外汇交易市场、货运交易机构，等等。这些机构都以市场利益作为统制的依据，也就是说，为的是保持商业主义社会运转这一政治目的。人们必须了解到，将市场的运转基于个人的经济利益之上，这其实不过是市场上的政治才能象征。这与政治体系中将国家的利益基于个人的仕途升迁之上并无二致。最后，市场治理的强制性权力是通过管理者授予或否定个人进入市场成为市场成员的资格而行使的。例如，如果英格兰银行（在所有商业管理者中是最强大最典型的）要抑制外汇市场上的投机活动，它并不是通过发布什么法令来进行，因为那样做简直与市场精神格格不入，它只是通过暗示信息的传播扩展来进行。显然，暗示信息是非正式地放出去的——譬如在午饭的餐桌上，在打电话闲聊中，在证券交易所里，或是通过外汇经纪人等。没有人，最起码是直到上次大战后整个市场结构开始解体之前，还没有人被正式要求削减其外汇交易量。违背者当然不会被送上法庭也不会被羁押。但假如他无视这一暗示——随后也许还有谨慎的提醒，他可能会突然发现自己被置身于这样一个悲惨境地：信用被削减甚至终止了，自己的"名字"在证券交易市场不再被视为"按规定条例交付"，自己的汇票背书在货币市场上不再被接受为"银行可兑签名"。他的人身当然将毫发未损，但是其个人财产所赋予他的社会权力——市场的进入资格和在市场中的平等成员资格将被取消。

重商主义社会里经济领域的这种治理，也就是统制着每一个商业体系的同一种治理：商业的寡头治理。就权力、组成、规范和目标而言，19 世纪英国、美国或德国经济领域的合法性统制与 15 世纪的商业城市——威尼斯、佛罗伦萨、汉萨同盟或 16 世纪的安特卫普的商业精英统制并没有什么不同。宪法不可能规定谁是规则制定者，以及如何才能成为规则制定者。在这方面 1850 年的伦敦城与 1450 年的威尼斯几乎没有什么不同。不过，19 世纪在伦敦、纽约、波士顿、阿姆斯特丹、汉堡或巴黎商界的每一个人，都准确无误地知道，谁是"圈内的"而谁又不是，谁举足轻重而谁又无足轻重，为何这家商号强大而另一家只是富有，为什么来自这个人的暗示就是规则命令而来自另一个人的毫无价值。规则制定者的资格是不确定的，就如同他们何以众所周知和不言而喻一样。仅仅只有财富是不够的，事实上，商业寡头中最富有的那些商号常常并不是"圈内的"。同样，仅仅只有名声和传统也不够。当然，更不是只靠着经营技巧的娴熟。实际上往往相反，过于"精明"或"敏锐"反而几乎会使其资格自动丧失。因此，这种资格应是财富与经验，传统与机敏，经营上的敏锐与对非成文法规的看不见的限制的通晓把握，以及责任心、正直感和首创精神等的混合——那种无声无息但又具体实在的资格，也许只能用"位望"（standing）一词来表述。商业体系中某个成员被提升到规则制定者的行列，这本身乃是该社会群体心照不宣的赞许和寡头集团同样心照不宣的共同选择的结果。这种提升可能通过下列一些形式表现出来：比如受邀参加某次债券的发行，受选作为英格兰银行董事会董事，又或者只是受邀参加某场牌局或成为某个早餐俱乐部成员。这些表面上看来不拘形式的每一种形式的含义，在整个这一社会群体中完全是人所共知的。在简·奥斯汀、萨克雷或伊迪丝·华顿笔下所描绘的社会中，对处于规则制定者地位的寡头集团的勾画确实非常清晰生动，但是要准确地说出其界限何在，却又几乎是不可能的。这样的统治结构不仅在寡头集团中非常典型，而且对既需要高度弹性，又需要高度纪律的市场而言，更是无可避免的。

　　总体来说，18 世纪后期的庞大体系并没有创造出一个运转良好的功能性工业社会。其实，甚至根本就难觅工业兴起的影子。

　　那代人中，只有一个人对工业进行了关注——汉密尔顿。他不仅留意了工业革命，还洞察了其意义。他的一生身处那些伟大发明层出不穷的时代。他一生的黄金时期正好是瓦特发明蒸汽机后整整 40 年，而他又刚好去世于蒸汽机车面世之前 20 年。但是，他的同时代人都没有意识到，在汉密尔顿对强大的中央政府必要性的坚持以及他对民众的不信任的背后，其实隐藏着一种对即将来临的工业化革命过程的惊人洞察。在今天不带偏见的读者看来（无论其是否与汉密尔顿有着相同的政治信念），无论是《制造业报告》还是其任财政部长时所提出的诸多有关财政和银行业的提议，汉密尔顿都似乎充满了先知先觉。在其同时代的人看来，这一切都不过是一个保守的托利党分子试图建立一个凌驾于自由农场主之上的君主政体的企图而已。工业化问题至关重要，这可以说是汉密尔顿全部政治思想的基础，可惜高处不胜寒，当时无人能够理解。

这种普遍的短视之所以尤其值得关注，是因为其同时代可谓伟人辈出，杰斐逊、麦迪逊、查理时代的泰勒、约翰·亚当斯，个个洞察入微、才华横溢，都是充满了伟大原创力的顶级政治思想家。他们对于社会力量和政治制度的理解，无论是在本国还是在他国都可以说无人能出其右。但是，过分植根于重商主义社会的思考取向遮蔽了他们的视野。他们眼中的主要经济问题是农业生产者与贸易经销商之间的关系。他们并没有意识到，就在他们的眼皮底下，一个新的社会世界正在迅速地酝酿形成，助力这一形成过程的是它自身拥有的社会关系和政治力量——工业体系。在他们为数不多的几次有关工业的谈话中，口气中充满了轻蔑和反感。在他们的头脑和思想中，根本就没有为工业留下任何空间，因为工业与他们的信仰、制度和价值观都是格格不入、针锋相对的。

无力察觉并理解各自时代的工业革命，这绝对不是美国人独有的情况。同一时期的欧洲几乎同样也没有意识到这一新生力量的意义，尽管这一力量在旧有力量终于组织起来的时候才刚刚开始。亚当·斯密也曾讨论到了工业生产，却似乎对它嗤之以鼻、不以为然，认定它毫无前景。伯克，这位19世纪英国自由社会之父，在其社会学和经济学著作中也几乎对工业生产只字未提。法国大革命的哲学家和理论家们的情况也几乎如出一辙。普鲁士的施泰因虽然自己本身就直接管理着大规模的工业企业——王国政府所拥有的矿山和铁厂，但他对工业生产的社会和政治重要性毫无觉察，以至于在对新的自由普鲁士社会阶层基础的提议中，排他性地只包括三个前工业时代的社会阶层——乡村的乡绅阶层，城市的专业人士、商人和工匠，自由的农民。

直到 19 世纪 30 年代的第一次工业危机，工业体系才被视为一种新的因素。但是，当时许多伟大的思想家，挖掘和融合了那一时期许多伟人，无论是保守者还是激进者，无论是现实主义者还是空想主义者的分析和诊断，也未能察觉到工业所引起的一系列社会整合与政治力量问题，与重商主义社会有着根本的不同。

只是到了 19 世纪末，人们才认识到存在着一个与工业社会有关的问题。美国的布鲁克斯和亨利·亚当斯、法国的索雷尔以及德国的"学院社会主义者"们，首先看到了工业体系的成员尚没有被融合进来，而且工业体系中的决定性政治权力并不具有合法性。他们首先看出了我们的社会并不是一个工业社会，而是一个重商主义社会，而且这一社会充其量只能囫囵吞枣地容纳而不能交融整合我们时代的工业现实。亨利·亚当斯关于直流发电机作为社会权力的新来源的著名发现，预示了巨大的危机，这一危机在 1941 年秋美国参战时到达了最后的决定性阶段。

重商主义社会的组织与工业现实之间的冲突，在重商主义经济政策所基于的两种经济行为理论之中表现得最为清楚：一种是通常被称为"自由贸易理论"的国际劳动分工理论；另一种是垄断理论。二者都假定了一种生产体系，在这种生产体系下，产品的种类和数量都不同程度地严格受到土壤肥沃程度、气候条件和其他非人类所能控制的因素的影响。换句话说，二者假设的都是一种前工业时代的体系。

自由贸易仍是基于上帝决定且人类自身无法改变的劳动分工基础之上的互补性商品交换。英国出口羊毛织品以换取葡萄牙的酒类，这正是自由贸易的典型例子。基于此，期望自由贸易能够带来和平安宁就不是不可理解的了。因为假如所有贸易都是互补的，并且假如生产总量是固定不变的，那么所有生产者都可自由地获取所有原材料，就应该能够真正消除那些通常导致经济对抗的因素。

垄断理论与其前工业假设同样具有一致性。假如不去考虑具体的需求中，而将供给固定在一个极其窄的限度内，不能有所增加，那么通过削减产量和提高价格就能获取最大的利润。

一旦我们从重商主义社会的理论假设转向工业体系的现实，自由贸易理论和传统垄断理论二者都将变得毫无意义。在工业体系中，生产无论在数量上还是质量上都不可能固定不变，因为丝毫不可改变的生产条件是不存在的——除了极端的限制。今天，如果某个国家不生产铁钉，而且也生产不了铁钉（若一定要其生产，所需的花费可能要 5 倍于邻国），这也并不能肯定 20 年之后它就成不了规模最大、价格最低的铁钉生产国。工业体系的生产是竞争性的，而不是互补性的；是变化无定的，而不是固定不变的。这种情况下进行的自由贸易，可能使尚未完全工业化国家的偶然劣势变成永远的劣势，同时也使那些已充分工业化的国家居于不败之地永远获益。自由贸易，在重商主义社会里可以给遵守礼让规则的国家联合体中的最弱小的成员带来好处，而在工业条件下，它却劫贫济富，总是以牺牲弱国利益来富强最强的国家。它不仅是造成经济迟滞的工具，而且也成了歧视新工业和新国家的工具。这一点，至少在 1840 年宣传奉行这一政策的工业上更先进的英国对当时又弱又小尚处于褓褓时期的美国工业体系来说即是如此，而今天奉行这一政策的美国对拉美、亚洲和非洲这些以前的原材料生产国的弱小工业体系来说，也是如此。

重商主义的垄断理论更是沦落到了极其荒唐的境地。在工业体系自身并不存在生产上的技术限制，而需求却并不是无限弹性的。因此最有利可图的经济行为，恰好与适应前工业体系中限止供给的情况下的行为相反。不是削减产量和提高价格，而是最大化产量和最低化价格，这才是工业体系经济最有利可图的政策。毫无疑问，亨利·福特所赚的钱，比旧学派中所有垄断者加起来的还要多。他与他的追随者们，通过那些较之小规模竞争性企业所可能达到的效率高得多、强大得多的垄断或半垄断组织而大肆获利。

由此，旧派的重商主义理论发现自己难以对新的垄断者们加以抨击，因为它自己的论点之一就是垄断从经济上讲应该就是低效率的。它没有能够察觉，对于现代的大型企业公司而言，重要的并不是效率问题，而是政治结构和权力问题，因为重商主义社会对于市场之外的社会和政治问题，根本就是一无所知。

20 世纪的工业现实

1

我们这一时代工业体系的代表性社会现象是大批量生产的工厂和公司。装配流水线是这一现象的代表性物质环境，而公司则是代表性的社会机构。大规模的工厂，已经取代了 18 世纪和 19 世纪初期的乡村和贸易城镇的位置。公司则已经取代庄园和市场而成为基本机构，正是置身于并通过这一机构进行着物质现实的社会性组织。而对公司的经营管理则已成为工业体系内部的决定性和代表性权力。

公司通常被认为是一个经济的机构。但是，公司有何种独特的经济功能呢？这种功能是合伙关系无法履行得同样好的。发放信贷需要银行。但是，一家大工厂，其生产效率、经济效能或盈利能力等都并不受其所有者类型的影响，无论它是个人所有还是公司所有，都没有什么不同。

而且，公司这种机构也并不履行任何技术功能。

那种认为公司不过是创造特权和垄断的"阴谋集团"的说法，其实也并不成问题，虽然美国的改良派常这样断言。这种信念可谓历史久远，一直可追溯到都铎王朝和早期斯图亚特王朝时代的王室律师与平民律师之间的激烈斗争。早期的公司也是如此，在人人只需办完简单的正式手续即可组建公司之前，公司和垄断特权不过是一体两面而已。早期的公司都曾被授予某种极高统治特权，其他公民被禁止做的事情它可以去做。因此，最初那些大公司，如荷兰和英国的东印度公司、哈德逊湾公司或马萨诸塞海湾公司，都被明确授予特许权，代行着王室的某些权威，它们的根据来源于它们直接代表君权。这些早期的公司，它们在获取和统治海外领土的功能方面，至少与其作为商人和种植园主的商业任务同样重要。在 1750 年之前少数几个特许成立从事国内商业事务的公司案例中，英格兰银行是最突出的例子，其所履行的功能甚至包括了发行货币，而这是自古以来就一直被视为不可让与的最高统治者垄断权力。即使在 1750 年后的又一个 100 年中，当国内公司已多如牛毛之时，它们也很大程度上在从事准政府性质的任务方面受到一定的限制，包括旨在形成"自然垄断"的土地征用权需明示授权：公路、桥梁、水利工程、运河、铁路和其他"公共设施"。

不过，尽管现代公司是从这种特许垄断公司生发出来的，但是除了法律形式，它们很少再有什么相同之处了。现代公司与诸如以往英国的东印度公司等特权垄断公司，或者今天所有国家的中央银行，在含义和社会目的上都正好截然相反。当然这并不意味着说今天就没有垄断者了，也不是说它们中许多都不再采用公司的形式了。但在现代的垄断者中，采用公司形式的并不是主要的，而这却是 200 年前垄断者的实体。如果是在 1800 年之前，J. P. 摩根及其相关的分公司，很可能必须要先得到皇家的特许，才能获得其在 1907 年前所拥有的垄断权和特权。而 1933 年后摩根家族之所以将其企业改建成公司，实际上正是因为其时他们已失去了大部分经济权力。

旧式公司的权威基于政治政府所授予的代表权。而统治着我们工业现实的新式现代公司，则首次将其权威移置于代表着个体公民的个人财产权这一基础之上。社会领域在 19 世纪是一个独立的领域，在这一社会领域，正是个人财产权赋予了人以社会身份和功能，并产生了合法性的权力，而公司正是作为这一领域的机构开始登上了历史舞台。

因此，现代公司是政治性机构，其目的是在工业领域里创造合法性权力。

现代公司法在 1830 年到 1870 年间的颁布，是重商主义社会的决定性胜利。这些法律允许任何个人只要拥有财产即可创办公司。公司这类集体性实体可以经由持有财产的个人通过自由契约而自由创办，无须政治的任何进一步批准，这就认可了财产是一种至高无上的最初权力。19 世纪的自由组建公司，将溯源于洛克《政府论》（下篇）一书的中产阶级社会发展推向了高潮。

公司的政治目的，是在持股股东的个人财产权这一原初性权力的基础之上创立合法的社会政府。而公司正是形式最为纯粹的契约社会。

社会契约理论在公元 1600 年前后在德意志北部和荷兰由阿尔色修斯和格劳休斯构想提出，而公司作为一种明确的组织形式，与这一社会契约论几乎首次同时出现，这绝非偶然。它在英国走向成熟的过程几乎与洛克著作中的契约理论的成熟过程同步，因为公司只不过是作为契约理论从历史虚构或伦理正义领域转入政治行动领域的结果而已。

在那些现代成立的公司的公司章程中，也明确地表达出了联合契约和从属契约的同步性。根据契约理论，这种同步性既创造了社会也创造了合法性政府，并为其正当性提供了理由。持股股东的有限责任正好完全贴合了洛克的法则，这一法则认为，任何一个公民都无须担负超出其所交给社会的更多的责任与义务。股票的可自由出售，使得每一持股股东都可通过用脚投票而退出联合，而这也正好体现了另一法则（其经典形式是卢梭表达的）——应该允许社会的每一个成员通过移民的方式退出。而持股股东公民可以通过行使其"革命的权力"来反抗其签约政府，大体上也是洛克《政府论》（下篇）一书中所阐发的为保障社会整体性的那些制度的忠实再现。

契约论的目的在于，解释政府和社会是区别并独立于个体成员的存在，并证明这种存在的正当性。这一理论在政治生活中仍然只是一种虚构——尽管是一种有力的虚构，但在社会生活中，早已成为在公司内部实现了的现实。通过将每个成员的个人财产权交托给公司管理，公司的社会契约实际上已创造出了一个社会实体。正如洛克的契约理论中人民保持着独立自主的身份一样，公司持股股东在公司也并没有丧失独立自主的身份。不过，这已经只是纯粹规范上、法律意义上的独立自主权，人民的独立自主权以及持股股东的独立自主权，构成一切合法性权力的真正源头。它建构、限制并控制着权力，但它并不是权力本身——这一事实是契约论的许多现代阐释者未能理解到的。权力归于合法性政府——就公司而言则归于正式组建起来的管理层。管理层之所以拥有合法性权力，乃是因为它来源于个人财产权。因为只要是基于个人财产权的，其权力就都具有合法性。

历史上很少有公共机构像公司这样成功过。指出公司管理者们令人惊叹的政治和社会权力这一点几乎无须多费笔墨。在当前这种战时经济实施之前，统观所有工业国家，比起大多数的政治当权者来说，一个大公司的管理层能更强烈地影响更多人民的生活和生计。大企业的管理层们关于物价、工资、工时和产出等的决策，建构并塑造了千百万人民的生活，并且最终建构并塑造了整个社会的生活。

但是与契约理论的假设正相反，我们的工业体系的管理权力已不再是基于个人的财产权。它已不再是源自于这种财产权，也不再受这种权力的拥有者们的支配和限制，不再对这些拥有者负责。在现代公司里，决定性的权力，即经理们的权力，不是源于任何别的人，而是源于他们自身，这种权力也不受任何人或任何事的支配，并且不向任何人负责。可以毫不夸张地说，它成了一种极端无根基、无正当性、不受支配，且无须向谁负责任的权力。

现代公司的持股股东，既缺乏意愿，又缺乏能力行使其法律意义上的独立自主权。在绝大多数的情况下，他们从来不参加投票表决，而只是在由管理层事先准备好并由管理层负责执行的委托书上签字。他们的努力对于新管理人员的甄选不能施加任何影响，新的管理人员只是由在位掌权的管理层指定甄选。持股股东对管理层的决策也没有任何影响力。作为一种约定俗成的规则，他们通常既不确认，也不推翻这些决策；他们甚至对这些决策都毫不知情，而且也不想知情。对于今天的一般持股股东而言，持有股票比持有其他形式的财产有着更大的吸引力，因为这可以完全不用涉及作为财产拥有者身份所需要进行的各种形式的参与"麻烦"，比如参与决策或确认决策，参与管理或至少参与管理人员的遴选，都需要学习或懂得一点与业务有关的知识事务，简而言之，就是需要负起某些责任，以及行使某些与所有者身份相关的权力。

改良主义者们总是断言说，这是由于持股股东被那些权欲熏心的经营管理层剥夺了控制和决策的政治权力。其实，事实完全不是那么回事，而是恰恰相反，正是持股股东主动推卸了这些权力。他们早已自动正式放弃，而且再也不会受到诱惑去要回这些权力了。因为对他们而言，拥有这些权力只是负担，与他们做持股股东的目的完全风马牛不相及。

这一点在希特勒上台前夕的德国就已经显现出来。以自己的名义替客户存在它们那里的股票进行投票表决，这已成了德国的银行多年以来的一种惯例。而客户阻止银行代行其权力的唯一方法，就是下达明确指令禁止这么做——而这可以说是凤毛麟角、极为罕见的，以至于除了记载在教科书中一隅之外几乎再无人知晓。而且因为私人所持有股票的绝大部分都是存于银行（在德国，银行兼有着银行业者、股票经纪人、贵重物品保险库和信托公司等功能），随着大多数股票都到了银行手中，由此股票的决策性投票表决权也就掌握在了银行手中，而银行的投票几乎总是与管理层一致。在大萧条的最初几年里，在公司法的改革过程中曾宣布这一做法非法。为了使持股股东合法拥有的地位得以恢复（当然这里假定了这种合法拥有的地位是被贪婪的银行和专断的管理层夺走的），法律规定，除非得到明确授权，否则银行不得代储户的股票投票表决。但是事与愿违，与法律制定者们的期望正好相反，储户们——实际上几乎没有例外地，都明确赋予了银行这种权利。他们中许多人甚至要挟银行，如果银行不答应在一切场合为其代行所持有的全部股票的一揽子授权，他们就将撤回其客户委托——而这一授权显然与"保护持股股东"的新法律相背离。

《美国证券交易法案》，这一罗斯福新政早期最好的法律之一，其经历可以说是又一个虽没那么显眼却更为严重的例子。为了保护持股股东，该法案要求所有那些其证券在证券交易所挂牌的公司要公开披露大量重要的相关情况。毫无疑问，任何一个有着经营经验和金融知识的人，都可以利用这些数字和事实，从而比以前更好地了解公司的有关情况。但是，一个正式的持股股东居然并不想了解从法律上来说"他的"公司的管理层的任何政策与决策。他只知道了解这一新法律要花去他大量的时间和精力，而他投资股票的目的恰恰是节省时间和精力。他不是去分析阅读这些报告，而是事先就想当然地认为，既然这些报告、报表都是根据法律并且在政府专业行政部门监督之下准备的，那么他自己的任何甄别义务和责任也就成为多余。所有与美国的持股股东们有过接触的权威人士——经纪人、银行业人士、律师、投资顾问，甚至证券交易委员会成员，都一致认为，当今的普通持股股东比起十年前的持股股东来说，更少参与控制和经营管理"他的"公司。

持股股东不仅是自动放弃了参与，而且他们甚至已在很大程度上成了多余的人——如果说新成立的弱小公司还有例外的话，那么那些成功的旧公司基本上都是如此。这一点绝不夸张，1939年和1940年临时全国经济委员会听证会上拿出来的那些美国公司金融记录，表明这一时期是一个非同寻常的畸形时期：货币贬值的同时股票交易又停滞。不过，在大萧条的十年中，依然有一个接一个的大公司成功地通过内部手段而不是借助资本市场，为其大规模的扩展项目融到足够资金的情况，这毫无疑问成为一种标志：那些成功的大公司即使不依靠持股股东也能够生存发展下去。一项关于德国企业在 1923～1933 年融资情况的调查，也表明了类似的结果：可以不需求助于股票市场，而是通过银行信贷以及对收益的"利润再投资"，而为其规模庞大的扩展项目融通资金。

公司内部所有权与经营管理和控制权相分离的过程，在美国凭借贝利和米恩斯⊖十多年前的作品中首次将其描绘为现代工业主义典型的特征性动向而广为大众知悉。后续研究，尤其是马歇尔 E. 迪莫克⊜的研究已经表明，萧条年代里这一发展一直是在积蓄能量。但是，美国在两权分离这一方向上的实际进展——一直到美国正式参战为止，却似乎还不及战前的英国和希特勒上台前的德国发展得那样迅速和深入。

在美国，至少决定性权力仍然保有在公司自己的管理层手中。而在战前的英国和希特勒上台前的德国，已经是大权旁落，工业体系的决定性权力落入了公司外部的管理者手中——落到了卡特尔、工业联合会、健康保险人最高联合会之类的管理者手中。这些管理者协会的执行秘书或董事，在很大程度上决定着物价、劳工政策和工薪，在那些位高权重的协会中，诸如英国的铁钢联合会、国际钢铁卡特尔或德国水泥卡特尔，他们甚至还决定着产量和利润边际。虽然这些协会的管理者本身必须向协会成员公司的管理者们负责并接受其控制，但他们却完全超出了持股股东所能控制的范围。德国波特兰水泥卡特尔成员公司之间的水泥配额分配，或英国铁钢联合会成员之间的马口铁配额分配，不仅决定着产量

⊖　贝利和米恩斯：*The Modern Corporation and Private Property*。

⊜　见 T. N. T. C 专题论文第 11 篇。

和利润，而且还常常决定着企业的兴亡更替。但是，卡特尔管理者们的权力，除了一种绝对且不受控制的天马行空般的管理意志，再没有任何实质性基础。

不过，倒是在美国，而不是在欧洲，这种管理层权力被官方正式提升为一种自治的且不受控制的权力。1933 年和 1934 年的《国家恢复法案》（NRA）中的法规，不仅规定了所有工业中必须建立强制性卡特尔，而且还使持股股东失去了法律上的权利。这些法规虽然被最高法院宣布为不符合宪法，并且先前的法律制度也得到了恢复，但是工业现实不可能再走回头路了。在 20 世纪 30 年代，相关法规总是更接近于 NRA 的模式，而不是 19 世纪公司法的假设或各种经济规定。

欧洲与美国之间的差别不在于政治发展上。在美国，之所以不存在卡特尔，其唯一原因乃在于反托拉斯法之下它们不具有合法性。但是，有利必有弊，反托拉斯法虽然防止了美国工业的卡特尔化，却无疑促进了巨型公司的成长壮大，而在这些巨型公司中，其管理层不受持股股东的控制，不过是成了行政管理者们的卡特尔。在欧洲，只要两三个竞争厂商就可以作为独立的公司达成协议，协定有关价格、工资和销售配额等问题。但是，在美国要达到这样的目的却只有合并一途，舍此无他。因为，虽然限制贸易的联合协议是非法的，但合并却不违法。这样的例子可谓不胜枚举，上到百年老店，下到新兴公司，每一个学习美国商业史的学生对此都可以说耳熟能详，实例信手拈来。这些例子都说明，公司合并是绕开法律壁垒、达成市场营销或价格协定的可选形式。制定反托拉斯法的本意是为了保护那些小型的同类公司，但适得其反的是，它反而成了导致其灭亡的罪魁祸首。因为这样的规定，使得它们失去了作为卡特尔成员而避开竞争从而存活下来的机会。

无论是在美国的巨型公司，还是欧洲的行业联合会或健康保险人最高联合会内部，持股股东都是既没有决策权，也不用担负责任，而且两者中没有一项是这些持股股东想要的。这两项管理权力实际上都不是源于或可追溯到股票拥有权，也就是个人财产权的。工业体系中的决定性政治当权者，也就是现代公司的管理层（无论是如美国那样名义上是持股股东的公仆，还是如卡特尔及健康保险人最高联合会的管理者们那样与持股股东在法律上完全无关），并不是公司中社会化地联合在一起的个人财产原子的经营代理人。这种权力不是财产代表的权力。经营管理权已成为本源性权力。

当然，这么说实际上仍不过是一种过于谨慎的说法，未足以反映真实情况。不过有一点确凿无疑：现代公司制度的管理层独立于个人财产权的拥有者，不受其控制。而且同样确凿无疑的是：现代公司的股票所有权已不再是任何真正意义上的公司财产，它所代表的只是根据过去的贡献参与将来利润分享的一种受法律保护的既定权力。当今之世，没有人会去购买股票，除非为了得到股票收益，或者是为了从股价升溢中获得更高的期望收益。换句话说，当今的投资者想要的并不是财产权，而是想分享他人行使运营其财产权所带来的股票利润；而所谓他人，也就是指管理层。实际上，持股股东总是将管理层视为公司中真正的主宰，在他们看来，管理层就好像拥有着公司一样持有本源性权力。持股股东只把自己视作极其有限的使用收益权的受益者。

究其根本而言，公司的资产中没有所有权这一情况，其实已在关于公司的法律和制度惯例的陈述中体现出来了。这种变化的一种最激进的法律陈述就是纳粹的公司法，该法把公司视作一种有机的自治性社会实体。这一实体之管理层假"领袖原则"之名义，拥有着直接的、固有的和完全的权力。持股股东则是没有权力的，他只是坐享着由政府或管理层分派给他的红利；但是他没有投票表决权，尤其没有反对管理层的表决权。这一关于公司的新的法律观念，有意识地否定了契约理论，而公司最初正是据此发展起来的——当然，在纳粹的眼中，这种否定是不可避免的。它也否定了财产作为社会权力的合法性基础这一主张——这是又一个合乎纳粹主义逻辑的步骤。它宣称公司财产与个人财产在类别上是不同的，由此个人财产所有权也就不能构成对公司财产的所有权。换句话说，它宣告了公司财产已经成为一种全新的、有着本质性差别的东西，而不再是传统意义上的财产了。

纳粹的公司法与财产的传统法律和政治观念有着根本性的分野甚至彻底的决裂。

尽管纳粹的公司法彻底地抛弃和废除了一切关于财产本质和意义的传统政治假设和信念，但是德国的持股股东们对此似乎毫无觉察，也没有出现任何有关因新法颁布而抛售股票的报道。德国的持股股东们显然认为，新法只不过是承认了一个久已有之的事实，将很久以来已是如此的客观社会现实正式给予了法律的确认而已。

尽管美国目前尚未对其公司法进行任何剧烈的修订变动。不过，正如经验丰富的欧文 D. 杨所预计的（这位堪称现代职业经理人的最佳代表），曾在十多年前就提议剥夺持股股东对公司财产的法律上的财产资格，并将财产权授予管理层，再向持股股东支付使用其资金的"报酬"。这样一种公司法律观念，比起我们当前的公司法律仅仅只是近乎地描述

100 年前的公司来说，其对现实的一致性要准确得多。多年以来，美国的持股股东已经逐渐习惯了没有投票表决权的股票——这种股票只体现使用收益权，而不带有财产所有权背后的政治权力。而且，大萧条时期所颁布的破产法（这一法律通常被持股股东视为对自己有利）明确地将公司财产和公司管理层视为是自治的，而持股股东的财产只是一种对未来利润的要求权。

然而，持股股东地位最急剧的变化已在本次大战中出现，不过不是通过法律的改革，而是通过战时的税收制度。在美英两国，普通持股股东以前的位置现在被政府占据，盈利和亏损都与政府直接利害攸关。这两个国家的战时超额利润税收制度，使得普通股持有者的回报被"冻结"。利润的增长将全部被政府攫取，而当利润下降时，由于高额的公司税，损失也将主要由政府承担——当然持股股东也会在收入上担负一点小小损失。普通股全然成了（至少在此期间）连安全性都极难保证的优选股。普通股以前在股本中所处的地位，已经几乎完全被财政部取而代之了。

如果要找实例说明的话，美国最大的零售公司之一的案例可以说是一个最好的例子。在战前最后一个和平年份，该公司的货物销售额差不多接近 10 亿美元，这使公司股票的每股净盈利达到 7 美元。但是在战时超额利润税收制度规定下，持股股东所得红利不能超过每股 3.5 美元，这只相当于 5 亿美元年销售额的平均收益。由此，公司就能够在丧失其一半业务的情况下不影响持股股东的股本收益。而另一方面，尽管公司可能兴旺发达，持股股东的回报也不可能增加。所有可能的收益增加都由财政部独享其成，而只要利润不降至低于战前最后一个和平年份的 50% 以下，所有可能的损失也完全由财政部独立承担。由此，欧文

D. 杨的提议就变为了现实，普通股持有者真被限定在了其资金的"报酬"之内。

无论美国还是德国，这两个国家都曾经有过实际上没有任何所有者的公司——即使从法律上讲也没有。在大萧条之前，德国有些碳酸钾公司都由相同的管理层经营，并且公司间相互交叉持股，不再存在什么外部持股股东。在美国，一些"金字塔形持股公司"，尤其是英萨尔公用事业王国的子公司们，通过结合使用"表决权信托公司"、公司间相互交叉持股和公司间相互融通资金等方法，达到了相同的目的。不过，尽管没有所有者，这些公司同样运转良好，置于"正式选举"的董事们管理之下，董事们轮流"任命"行政官员，因此他们无疑可以说个个都拥有了巨额财产。可谁又能说他们是这些财产的所有者呢？或者说，这些公司难道不是其自身的所有者吗？这样一来，18、19世纪的财产理论和公司法理论所基于的那些假设，即一切财产都必须物有其主，公司内部的社会和政治权力的合法性源于个人财产权，到底还所剩几何呢？

公司已经成为一种自治性的社会实体——比如说，它今天已和一个城市或其他任何政治实体没有什么不同。在一个有机性的自治社会实体中，不存在什么财产权力，因为它总是被想象为一种独立并且先于其成员的存在。有的只是对这种实体的权力：要求权以及内部的管理权。实际上如今的持股股东只拥有要求权，管理层则行使管理权。但是，如果不能够再基于个人财产权之上，那么这种权力又能够依托于何种基础呢？

个人财产权不再作为社会权力的基础，这是我们时代最主要的制度变化。它已经带来了一系列惊人的后果。

首先，公司发展成了由自身的当权者行使权力的自治性社会实体。

正统的资本主义不仅将财产作为合法性权力的基础，而且还认定财产本身就是社会权力。它们不承认财产和社会权力能够分离的可能性，也无法认可社会权力居然能够独立于财产，财产居然会丧失社会权力。正统的资本主义者从财产是社会建构的基础这一公理出发，认可如下观点，财产所有权必然决定着社会以及社会权力的性质和结构。

不过，所有权在今天已不再是社会建构性权力，财产的拥有形式已不再能决定权力掌控者是谁。权力向政府手中的集中和极权主义政治体制，与财产的国有化并没有丝毫关系。

德国纳粹在财产领域没有做什么法律变更。然而，他们有效地摧毁了个人的进取精神、个人的社会权力和"自由企业"制度。任何熟悉纳粹制度的人都不会坚持认为它能够从任何字面政治意义上被看作"资本主义"。但是，它却在法律推定上保留了私有财产和利润——正是因为这些制度在工业体系内部来讲毫无政治重要性。保留它们比毁掉它们更容易，何况即使毁掉它们也并不能增加国家机器的绝对控制效率。

自世界大战开始以来，所有交战国都从纳粹处学到了至关重要的一点：财产其实在政治上本无轻重，重要的是控制，它当前已经与财产权分离并独立于财产权。绝对政治控制可以说是现代战时经济的本质。而且，虽然它使得财产权失去了政治上的意义并不再存在，但这并不会也不需变更或毁掉财产。

对未来而言，这意味着基本的政治问题将集中于控制而非像过去那样集中于财产。环顾当代经济和政治思想，我们可以非常清楚地看到这一点。我们也不再谈论"私有财产制度"，而是谈论"自由企业"和"个人进取精神"。

唯一堪称深入透彻又能引人入胜的当代资本主义理论当属约瑟夫·熊彼特教授的理论，他既不试图为财产正名，也不试图将财产看作社会结构中的建构权，更不认为财产是经济发展的引擎动力。熊彼特集中关注的是个人进取精神，他认为胆识过人的企业家，才能充分体现资本主义制度正当性，也才是资本主义制度的引擎动力。资本起到的不过是非常次要的作用。在熊彼特看来，如果没有了胆识过人的企业家，资本根本就谈不上什么生产性，不过是一种管理的附庸而已。熊彼特教授努力为资本对利润的要求权寻求具有说服力的正当理由。可以猜想的是，熊彼特教授将认为，超出服务费的任何报偿的增加都不具有正当性，都应该作为"剩余价值"理所当然地归管理层所有。

另一方面，也有学者将强调重点从财产转移到了控制。他们认为，在那些不能放弃旧的口号并且国有化仍被视为重要目标的国家，其所欲求的目标也仍不过是对国有化的控制。因此，英国工党在 20 世纪 30 年代对"银行国有化"的诉求，该主张后来成为其官方政策——以前一直是对铁路或钢厂的国有化，这其实不过是一种控制国有化的诉求而已。银行虽然不生产商品，却控制着它们的生产和分配⊖。

这并不意味着私有财产将会在未来社会中消失。恰恰相反，个人财产将得到保留，而且，对个人财产的抨击也很可能会终止。正如宗教一旦被袪除其作为对西方社会的建构权的特性以后，宗教信仰自由反而成

⊖　工党政纲是建立在一种对信用本质的彻底误解之上的。它也没有看到今天的商业银行是"国有化"的，因为它们的政策完全受财政部和中央银行政策和要求的控制。但是，尽管在实践上意义不大，工党这种从财产的国有化到控制的国有化的转变，实际上来自一种虽然可能出于下意识但却正确地对实际社会发展的评价。

了得到普遍认可一样，个人财产如果能够不再带有政治权力或控制，也将会得到普遍认可并被普遍赋予。如果大家都能够理解到，拥有一幢房子，这不过就如同一个人究竟是浸礼会教友还是长老会教友一样几乎不具有什么政治含义，那么也就根本不会有人要反对拥有个人财产了，政府也就能够将提倡个人拥有私人财产作为一种理所当然的事而进行了。

通过上述分析，我们最终的并且是最重要的结论已经呼之欲出了，那就是：当前的管理层权力乃是一种不具有合法性的权力。它根本不是基于社会普遍认可的合法性权力基础的基本原则。它也超脱于这种原则的控制或限制之外。而且，它也不向任何人负责。个人财产作为一种合法性社会和政治权力基础的基本原则曾被社会广泛认可。各种对管理层的限制、控制及其所担负的责任，曾是个人持股股东们为共同行使其各自的个人财产权而设置或强加的。西方社会现在仍愿意接受个人财产权作为合法性权力基础的恰当资格。但是，当今的管理层权力却是独立并且超然于持股股东的控制之外，不向持股股东负责。而且也没有其他的基本原则来取代个人财产权，充当管理层所实际掌控权力的合法性基础。

总体来说，我们的工业经济已经被一分为二：一个是由各种车间、工厂、机器以及经理和工人组成的"实体"经济，另一个是由有价证券、法律资格和空洞的所有者权力组成的"符号"经济。"实体"经济被组织成"持续经营"——这是一个重要但意义含糊的术语，由美国的司法机构生造出来，指那种实际与财产权的法律制度并不相符合的东西。"持续经营"被当作外在于持股股东的财产权并凌驾于持股股东财产权之上的存在，而且被认为不受市场波动和市场景气的影响。今天，这样的经济政策可以说是随处可见，只要是基于"持续经营"必须得到维持和强化这一假设，即使付出抛弃持股股东和市场价格体系二者的代价也在所不惜。另一方面，"符号"经济是属于市场的，其中奉行的仍然是19世纪关于财产地位的假设。

但是，只有在"实体"经济里才存在社会权力和控制。"符号"经济只提供财富，但财富本身已不再被赋予社会权力。"实体"经济中的规则制定者可能会不得不满足于一份不错的收入，但他们可能永远发不了大财。然而他们，而且只有他们，却大权在握。不过，他们的权力并不依托财产权和所有者身份的符号。只是在法律拟制中，"实体"经济仍然依赖于"符号"并受"符号"支配。实际上，"符号"经济已经成为"实体"经济的无能为力的附庸——如果两者之间还有某种联系的话。

希望在这里我没有被误解为是在对现代管理层大肆抨击。恰恰相反的是，笔者认为，当今美国大公司的专业管理层，其效率、诚信、能力以及敬业精神可以说都是历史上的统治者所不曾达到过的。他们手中所掌控的权力之所以属于他们，不是源于篡得，而是源于持股股东对其权力和职责的自愿放弃。就笔者所认识的大多数公司行政官员而言，他们虽然占据着不受控制也不用向谁负责的社会权力的位置，但并不感到开心，因为他们得到这一位置并不是自己寻求来的，而是被推到了这一位置上去的。

这种敏锐的不安感的一个明显迹象，表现在他们总是不断尝试着为自己所用以"服务"的权力寻找合法性的基础。开展一场将管理层的服务对象从持股股东的财产权转向社区以作为经营管理规则的基础的运动，这绝不是收买人心的伪善，也不是推销有术的销售员的攻心之术，大多数经理对此实际上都是发自内心且严肃认真的。

然而，对于权力而言，诚实、效率和能力，从来就不是，也永远不会是最好的资格来源。权力是合法还是非法，统治者是拥护宪法的明君还是专制独断的暴君，这些问题，均与个人品质几乎没有多大关系。低劣的品质对于良好的权力资格必然有损无益，而个人品质再好却永远无法成为权力资格的灵丹妙药。一个专制暴君再怎么违心而为也仍不过是个专制暴君。那种试图推却已强加于其身的权力的行为，只能算是懦弱无能和缺乏安全感，只会导致情形更加恶化。相比于一个好人在篡权夺位者的宝座上统治的时间，寡廉鲜耻的无赖赖在上面的时间很可能会更长，因为只要大权在手，他根本就不关心什么权力资格不资格；至少，无赖从来都是争权夺势的实践高手。

马基雅维利的这一洞见，给他招来了蜂拥而至的千古骂名。在他所处的那个既没有合法性统治也没有合法性权力基础的时代（至少他的祖国意大利没有），他看出了与忠厚老实、谨小慎微、良知尚存的谦谦君子相比，无赖取得成功和占据优势的可能性更大。尽管他的结论让一切正直的人觉得大跌眼镜，不可接受，却不折不扣是一个正确的结论。在马基雅维利看来，重要的并不是专制暴君的正直开明，而是统治者的合法性。对于当今经营管理统治的不合法性而言，解决之道并不是要"将无赖赶尽杀绝"——毕竟无论如何"无赖"都只是少数，而是要使工业体系内部的统治权力具有合法性。

除非能够做到这一点，否则工业体系就不可能拥有合法性权力。

2

假设公司是代表性社会机构，从而如果管理层是决定性社会力量，那么大单位里的大批量生产就可以说是我们社会的代表性社会形式。集约化大批量生产的巨型单位，也许在数量上算不得是多数——无论是雇用工人的数量上还是产量总额上。但是，那种企图用上述数量方法来对我们实际上仍然处于一种"小作坊"技术状态进行定性证明的做法，无疑是极其荒谬可笑的。统计平均数字到底如何实际上并不关涉宏旨。大批量生产的巨型单位在统计上可能只是个案，比如在1939年之前的英国，大批量生产的巨型单位在技术上可能还不如中型和小型工厂效率高，甚至在当时可以说大型的自动化、机械化工厂在经济上可能是无利可图的。但是大型单位里的机械化大批量生产，从政治和社会角度而言，可以说是最重要的工业生产技术形式。

大批量生产可以说是现代工业生产的"理想类型"，它直接或间接地塑造了我们关于整个工业生产的所有观念、方法和目标。稍微夸张一点说，从亨利·福特首次有意识地将生产线方法作为一种全新的生产体系使用的那一天起，整个工业社会自此就发生了根本的变化。当然，自从那时以来，工业国家的情况不可能齐头并进，而是各不相同，纵使是在欧洲，生产线本身扎根立足的过程也是步履维艰、非常缓慢的。

新的大批量生产体系夹带着全部的技术和经济动力，构成了我们的技术经济发动机的强劲动力。

如果稍微分析一下这一代表性的工业生产体系，我们就会发现，其新的基本特征并不在于对机械的全新使用，也不在于机械的新的操作方法，在对待毫无生命的生产工具上，其实并没有什么不同之处。我们说新的体系是"自动化的"或"机械化的"时，意思并不是说机器已经变成自动化或机械化了。实际上，变得自动化和机械化的是工人。

　　现代工业的巨大创新展示了一种现代图景：工人成了高效率、自动式和标准化了的机器。这一图景到底应归功于亨利·福特还是泰勒，抑或行为主义心理学家们，人们对此尚存争论。正像所有伟大发现一样，它很可能是不同的人独立地工作和思考的结果。1900 年前后，工业的整个重点发生了变化。从现在向前倒推 150 年，效率最高、产量最大和最有价值的工人，一直是那些技术最娴熟、训练最有素的工人。可突然之间，能工巧匠的这些品质（对整个过程的了解，对各个阶段的了解，知识、创新精神、个人特长，等等）却反过来变成了效率和生产率的阻碍。单一性、工作的非人格化关系、某一非技术性的操作上的专业化、无须理解内部关系的精细工作分工，这些倒成了最大化生产率和效率的新方法。

　　也许可以这样说，大批量生产之前的时代与我们当前的生产体系一样，都是基于非熟练的、机械操作的劳工。对于曼彻斯特、利物浦或格拉斯哥在工业革命早期阶段的作坊的描写，都重点关注了那些来自爱尔兰和苏格兰、在早期的动力纺机和动力织机上备受奴役的人们，他们几乎都被浓墨书写为处于非人待遇、饥饿不堪、目不识丁、被剥夺得一无所有。但是，他们都并非有效率的劳工——并不比今天在马来西亚橡胶园里那些目不识丁、缺乏技术的劳工，或美国南方棉花地里的黑人们效率来得更高。早期工业阶段的毫无技术的工人，其效率之低，使得他们被廉价使用而只能得到仅够糊口的工资。而他们之所以得到雇用，只是因为那时难以雇用到技术熟练的、有自尊心的工人。

　　19 世纪的大多数制造业者们，都确信技术更高超、更个性化的工人，肯定是更为优秀的工人。他们也一直在开办着行业学校或向工艺培训学校捐资。事实上，在整个 19 世纪中，一种确定无疑的潮流趋向是：将没有技术的、只知机械式操作的工人通过培训转变为熟练技工。假如真能对 19 世纪中劳工技术发展进行统计调查的话，调查结果一定会显示出，世纪初与世纪末相比，没有技术的、只知机械式操作的工人的比例降低了许多。

但是时至今日，使用着自动装置、用机械操作的工人却无疑是效率最高的工人，也产生着最高的单位劳动。在大萧条和目前这场战争的影响的推动下，不仅存在一种除少量工人外几乎完全机械化的快速趋势，而且也附带形成了一种新的声望标志：朝向自动化就是朝向进步。这一变化最具说服力的例子可以从那些古老的工业中找到——正是这些工业，150 年前开始使用人力自动机器，并同时尽量设法提高其工艺水平。例如像纽约的服装工业这般古老、高效和专门化的行业，自从大萧条以来，也一直饱受着来自圣路易斯和堪萨斯市新兴的实现充分机械化自动生产的服装工业的竞争之苦。考虑到美国时装的迅速变化，妇女服装似乎很少受到标准化影响，这一事实显然证明没有什么能够阻挡装配线工序的推广。

有时，存在着这么一种观点，认为现代大批量生产工业里工人的机械化和自动化操作，只不过是通向完全淘汰体力劳动者的过渡阶段而已。一家使用自动装置的钢带厂或玻璃板材厂，从操作过程表面上看几乎没有体力劳动者，控制台上的一小群高度技术化的操作员（他们与其说是工人，不如说是低级管理人员）承担着以前需要成百上千个熟练体力劳动者承担的工作。这里发生的实际情况是，并非以前的体力劳动者现在变成了熟练的控制台操作员，如今，留下来的只有以前的工长，以前的劳工已经消失了。现在他们究竟是成了技术性失业的牺牲品呢，还是已成了服务于机器的真人机器人，生产着大大超出他们以前的老方法所能生产的产品，这些事实对于我们在本书中要讨论的观点关系并不大，故在此略过。即使是记忆中 1933 年的"技术专家治国论者"的假设，也并不能否定我们的论点。因为，如果坚持应用现代大批量生产方法而几乎不用任何劳工就能生产出大量富余产品这一点是真实的话，那么以前的产业工人在生产过程中就不再具备其身份和功能。而像我们这样的一个社会，由于将社会身份和功能主要是看作经济过程中的身份和功能，因而就不可能整合消融缺乏社会身份的产业工人——即使该社会能够为其提供丰富的物品。

现代大批量生产工业中受雇用的工人没有社会身份和功能这一点，通常被那些认为社会生活中除了收入和经济财富外什么都不重要的现代著述家们视而不见。然而，就是他们也注意到了现代社会中失业工人所提出的社会和政治问题。

"长期休战时期"存在大量失业，这的确是一种全新的现象。在以往的萧条时期，没有哪一次出现过持续的失业问题。不过，如果我们接受最新的研究结果，就可以发现，其实在 19 世纪最严重的那次商业危机中，即 1873 年的那一次，根本就不存在什么失业情况。不过，即使曾有过失业情况，那也不过只是迟到的危机现象，并且还是首先消失的现象。在以往，失业现象总是在股票和商品价格升高或工业利润增大所标志着的复苏到来之前早就消失了。然而，上一次的大萧条中，失业问题是到最后才得以改善的——假如真谈得上有所改善的话。

实际上，过去 20 年中工业失业的最可怕之处在于，它在整个复苏期，而且实际上还有整个高繁荣期，都是持续不去的。在1927年的德国、1935年的英国、1937年的美国，都存在一个始终无法减少的核心失业群——而这些年份，其商务活力可以说都无疑是创纪录的或接近纪录的。这不只是一个经济紊乱的现象，还是社会解体的一个最严重的征兆。因为失业不仅仅是一种经济性灾难，它更是一种社会性剥夺。失业者不仅失去了生计之源，也失却了其社会身份和功能，他成了一个被遗弃者——一个没有社会功能、没有社会身份的人，一个社会对他而言毫无用处也毫无关系的人，不就是一个被遗弃的人吗？

众所周知，失业不是单纯依靠经济救助就能消失的。在那些"失业救济金"高得几乎与没有技术的劳工工资持平的国家里，失业的社会影响也与那些根本没有组织化救济的国家表现得几乎一样充分。最重要的一点是，失业者游离于社会之外。他丧失了技术，也丧失了士气，变得漠然无趣而不合群。失业者刚开始可能是充满怨愤，怨愤仍然可以说是一种参与社会的形式，不过是以抗议的形式参与而已。但是不久，社会在失业者看来就变得极其非理性，极其难以理解了，甚至走到要造反的境地。失业者变得困惑迷茫、担惊受怕、听天由命，最后陷入一种了无生气、麻木不仁的状态，几乎成了行尸走肉。

最近以来工业国家高涨后的衰退时期，其特征事实是商务活力达至高潮，同时又伴生着高失业率。这一时期中，任何有经验的社会工作者都能从工业城镇周末晚上蜂拥的人群中随手指出那些持续失业的人。他们不一定比别人穿着更破旧褴褛，看上去也不比人群中许多受雇工人更营养不良，但是他们脸上分明流露着一种迷茫困惑、挫败无依的神情，这使他们与其他人泾渭分明，简直可以说是"鹤立鸡群"，仿佛他们来自另外一个世界。并且从某种意义上说，他们也确实如此。在他们的周围有一道无形的墙将他们与那些遗弃他们的社会成员隔离开来。不仅是失业者自身，而且社会也感觉到了这一堵墙的存在。就业者与失业者之间的社会交往渐次消失。他们各自光顾着不同的小酒店和台球房，相互之间几乎不通婚，并且总是各人自扫门前雪。在整个一部叙说长期失业的作品中，最具悲剧性和最可怕的页面，莫过于讲述那些连人的最基本的共同体即家庭也因失业而破坏的故事。许多完全失业的家庭尚能保持着其作为社会的家庭和睦、家庭凝聚和家庭力量，而那些半失业的家庭却几乎无一能幸存下来继续发挥共同体的功能。失业的父亲与就业的子女，失业的子女与就业的父亲，失业的兄弟与就业的姐妹等——都被一道互相猜疑、相互隔膜的墙分隔两边，无论是爱还是生活必要都不能将他们维系在一起。

如果还需要进一步的实据来说明失业的社会意味的话，在所有工业化国家中失业者爱参与赌博就是最好的材料。无论是英国盛行的橄榄球赛赌博和赛狗赌博，还是美国盛行的"数字彩票赌博"，都不能说是因为失业者想要凭借他们所能够到的唯一途径赚点小钱。失业者都知道他们几乎没有什么胜算，就像那些喋喋不休的社论家所计算出来的概率所显示的那样。但是这种盲目无依、毫无理性的机会，在失业者看来却是这个世界和这个社会中唯一能起作用的力量，毕竟只有有了机会才有意义。而橄榄球赛赌博或数字彩票赌博，在这个没有其他合理途径、缺乏意义、缺乏道理、丧失功能和失却融合权的社会中，似乎是唯一合理可行的行为。

绝对可以肯定的是，这场战争过后，我们将不得不防止再次发生大规模的长期失业。否则，我们将必然面临社会瓦解，要不然就是陷入一片混乱，再不然就是滑向专制暴政。但是只是为失业者觅得收益高的工作还不够，当然这是必须首先解决的问题。

只是，这还只能解决经济安全问题，不能解决社会功能和身份问题，后面这一问题不仅是失业者所面临的问题，也是就业工人要面临的问题。现代工业体系中产业工人的社会问题，就好比是一座巨大的冰山。失业还仅仅只是露出水面的冰山一角，而真正的大块头、真正的危险，却还隐藏在吃水线以下，这就是就业的工人也越来越缺乏功能和身份。尽管我们可以消除那种显而易见的危险——失业，但是，如果我们不去努力化解那个更严重的、深藏不露的就业工人的社会功能问题，我们就可能会失败沉没。

无须仔细观察自动化的大批量生产的后果，我们即可得出如下结论：现代工业中的工人缺乏作为个体的社会身份和功能。对具有社会身份和功能的个人存在的否认，其实正是这种新的生产方式的本质。在大批量生产技术中，工人只不过是一台设计马虎低劣的机器。要使这台真人机器充分发挥其造物主所显然未能成功设计的机械和自动效能，正是"人类工程学"这门新兴学科的主要目标。然而，这却意味着个人必须终止其存在。这一新的技术方法要求的是标准化了的、可自由互换的、原子式的劳工，他们没有身份、没有功能、没有个性，它要的是任其配置的工具。但是，工人作为当今工业体系中给他们所安排的精密机器的一部分功能，与任何个人目的之间，并没有什么关系。从整个体系的视角看，工人个人只有不再作为社会的成员时，才能发挥功能，才能具有意义，才算合乎理性。从工人个人的角度看，大批量生产时代的社会根本就没有，也根本不可能有任何意义可言。

当然，在过去的生产体系中，没有技术的劳工不可能占据如此令人羡慕的位置。钢厂里面推独轮小推车的工人，服装厂血汗车间里的缝纫机操作工，铁路建筑队里的爱尔兰挖土工，他们无疑过着非常艰苦的生活，比当今已机械化的生产线上的工人艰苦得多。不过，上一代没有技术的工人都是下层阶级。他们常常是从中欧或南欧来的新移民（对美国），从爱尔兰或俄罗斯来的新移民（对英国），从波希米亚或波兰来的新移民（对德国和法国）。他们语言不通，并且他们都来自被认为是"落后"的国家。或者可以说，过去没有技术的工人属于失败者个体，是早期资本主义社会"走投无路且不知节俭的人"。那些工人未被整合融入社会，或许可以作为他们的地位低下的一个合理解释。

更重要的是，19 世纪的没有技术的工人只是一种辅助工，是真正的工人们的必要帮手，但任何一个有技术的人都不会把他叫作"工人"。辅助工只是给有技术的工人递送材料、搬运成品或半成品，或是从事从技术上说基本属于前工业时代的那类劳动，如挖土等。真正的工人，是那种有着所有技工们都具有的自豪感、理解力以及技艺和身份的技工。没有人比那些世代相传的印刷工、铁路工程师或机械师能更自豪、更自尊和更自信地意识到他们与社会的关系。

但是，在新的体系中，没有技术只知机械式操作的工人才是真正的工人，技工们倒成了辅助者，他们只是为工作做好准备或者做出安排，他们自己并不亲自做工。生产性劳工是那些处于生产线上的工人，他们整天僵直地站在那里，伸出去的手里拿着一把刷子，在那些慢慢移动过去的汽车车身侧面自动地画上一道红线。他既不懂得汽车如何运转，也没有掌握什么其他人几天之内学不会的技术。他几乎不像是一个社会中的人，而不过是一台非人性化的高效率机器上一个可随意更换的齿轮而已。

3

工业体系既没有为个人提供身份和功能，也没有建立起合法性的社会权力，这并不是什么新鲜发现。尤其是在过去十年中，涌现了大量"危机文学"，专门探讨我们时代的社会问题，并且还涌现了大量解决这些问题的提议。其中有些提议由于得到广泛赞誉而被称作万能灵药，或许值得稍做些讨论。不过，实际上所有这些提议都最多是治标不治本。它们也许能减轻某些症状，却触及不了根源。大体说来，它们并不是面向未来的解决之道，只是面对过去之未竟事宜的修补之术。

经济保障是最为流行的一种万能灵药。我首先想指出的是，在西方民主制赢得这场战争之后，采取相应措施实行经济保障在工业国家将是一种"必须"。大家都知道，在和平时期我们为每一个人生产足够的生活必需品是没什么问题的。而这场战争又使我们进一步意识到，如果辅以政府对生产和投资的直接干预，生产便总是能够处于全效运转之中。各种新的分配技巧——定量配给、集体就餐、对非市场化必需品的集中分配（比如所有开始实行的方法中最有希望的方法——美国食品券计划），这些都已表明，公平合理地分配现有的供给品是可能的。而所有交战国的人民，既然在物资短缺时期都已经实现了非常公平合理的分配，那么战后的潜在或实际过剩时期就更不能再允许出现大量人口缺衣少药、饥寒交迫的状况。既然经济保障意味着"保障所需"和保证基本生活必需品，我们就可以假定，这将在这次大战后任何一个能够生产丰足的基本必需品的国家里成为现实。当然，这首先意指美国。

实际上，在这次大战爆发之前，西方世界本来就已经有了非常充分的经济保障措施。对无保障的恐慌堪称战前岁月的特征，这种恐慌出现于比以往任何时期都提供了更多的经济保障的某一时期。在西方历史上，从未有过像大萧条年份中那样，向穷人和失业者提供如此充足的经济供给，如失业救济金、救助性贷款、美国公共事业振兴署（WPA）的援助，等等。以下这点听起来似乎有点奇怪，但的确是似非而是的事实：作为救济法案的结果，1935 年或 1938 年时的美国实际营养状况，倒比 1928 年或 1929 年时更好了。

这表明经济保障本身并不就是解决之道。在过去的 10 年中，人民实际上要求得到的不仅仅是经济上的保障，而且更要求取得社会身份和功能。由于不知道自己所缺少的到底是什么，他们就提出经济补偿要求。毕竟，他们接受唯有经济措施和经济报酬才最重要的耳濡目染的教导已经两百多年。但是，只要稍微看一下那些接受过救济的人或得到过公共事业振兴署救助的工人的个案史，就可以发现，他们所需要的，也是至为缺乏的应该是社会融合，是经济上的保障本身所未能给予也从未给予过的社会功能和身份。

底线式经济保障（即保证所有的人都能得到足够的基本生活必需品供应）在西方民主国家里将成为既成事实。这一点将在战争结束之前就能达到——倘若战争还要再拖一两年的话。它也许不是用"经济保障"来称呼，而是别的什么诸如"购买力定量配给"之类的技术术语出现，美国和英国当前正在提倡这样做。不管称谓如何，其实质都是一样的：无论个人收入如何，基本生活必需品一视同仁平均分配。方案中有关对富裕者购买生活必需品进行限量的这部分内容确实应该在战后取消，但是，有关补助穷人以使他们能获得足够的最低限度供应的这部分内容既然已经在现实中引入并生根，当然就应该保留下来。

比起自由社会中以前尝试过的任何事情，经济保障需要更加深入浓厚的父爱式管理。有些人将对这种方案的需要不加分辨一律视为专制，由此产生深深的恐惧和反对，这不能简单地斥其为"保守"。当然，对实施经济保障方案所必需的经济权力的集中，仅当仔细做好了预防性限制措施，有了新的自我管理的制度化工具，并且实行严格的分权制操作的情况下，才能与自由政府相协调融合。不过，要建立起这种捍卫社会免遭经济保障所隐含的政治集权危险的制度，也并不是不可能的。同时出现一些投机钻营分子也难以避免，他们会滥用本来是为防止不应得的和非必需的要求而建构的制度。不过总体说来，经济保障会腐蚀广大民众的危险似乎有点夸大其词了。整体上看，所保证提供的最低保障与就是在今天的美国也被认为不高的消费标准之间的差距，应该提高到足以消除坐享政府保障所导致的养懒汉糜时光的危险。不过，即使经济保障完全摆脱了父爱主义的家长式专制的最后残余痕迹，它仍然不能成为功能社会的建构性基础。因为它无法给作为个体的社会成员以社会身份和社会功能。

作为一项政治方案的经济保障，忽略了过去25年中最重要的教训：单纯的经济满足只会在社会和政治方面招致消极的影响。当然经济满足的缺失肯定会造成严重的社会和政治混乱这是不可否认的，但是，单纯有了经济满足本身并不能建构出一个功能社会。经济满足就好比是维生素，缺少了它们会导致极其严重的营养缺乏症，但是维生素本身却并不能够提供卡路里。

正是平均地权主义和工联主义的强大力量，道出了社会的组织问题构成我们这一时代的中心问题。其实，二者所道出的不仅事关社会组织，而且事关一种生活方式——关于基本信念、关于社会秩序、关于人性及其践行。二者都包含了许多笔者所希望的将在未来的工业社会实现的东西。其中包括平均地权论者所固守的观点：个人财产在社会中不可或缺的地位——不是作为政治或社会权力的基础，不是作为对生产工具的控制，而是纯粹作为个人财产，作为人的尊严和独立的基础。也包括工联主义者所要求的：劳工不能被当作商品对待，而应被看作有着自我管理权和人的尊严的伙伴。而这两种哲学都意识到，我们今天正生活在一个巨大的社会危机之中——这一危机集中于工业体系的秩序之上。但是，两者虽然都确实包含了许多大有可为的、重要的和建设性的堪称金玉良言的东西，但两者似乎都只知道纸上谈兵，谁也拿不出一个货真价实的解决方案用于建立功能性的工业社会。倘若我们什么时候设计出了这样的解决方案，我们就可能会溯源到这两种先驱性的哲学观——不过也只是先驱而已。

所有平均地权运动或者其观念——不管它们是倡导"合作生活方式"也好，倡导小型家庭农场也好，抑或倡导花园城市也好，其出发点都无一例外是排斥工业现实的。它们都口口声声说要建立一个功能社会，但是，它们却是通过回避问题而展开的：我们的社会之所以发挥不了功能，就是因为它不是一个工业社会，而是一个前工业的、重商主义的乡村社会。

那些主张工联主义"现实可行"，并且堪称典型的工业解决方案的人，已经清醒地意识到了这一点。当人们在谈论所谓"工业民主"时，他们的意思往往指的就是工联主义。

无论工联主义的工业民主初看起来可能的确会显得多么"现实可行"，它都只不过是我们时代的最大幻想。其必然结局不是导向自由社会，而是导向一个专制社会。它更永远不可能带来一个个人能融入社会并且其社会和政治权力都具有合法性的功能社会。平均地权主义，虽然不过是一种浪漫的逃避，但至少还保持了将社会建立在人的独立、责任和尊严之上这么一种崇高的向往。但是，工联主义作为一种社会信条却纯粹是一种误解。

在我们当前的政治和社会体系中，行业工会无疑大有裨益而且不可或缺。工人所需要的组织和保护只有工会才能提供。行业工会作为劳工的组织，是现代工业的经营管理与大企业结构不可或缺而又如影随形般的伴生物。在我们现有的工业组织体系中，它们也是一种极其有效的劳资双方协调方法——因此一个强有力的、独立而诚实的工会，对于工人和管理层都是一种非常宝贵的资产。

行业工会在今天之所以仍然有益并且值得拥有，是因为它能平衡我们的社会机体里一些明显的毛病。它是一种反向组织，一种对抗社会毒素的抗体。但它并不是一种建构性机构——其设计初衷本来就非如此。它只有在作为我们当今社会的大企业管理的平衡力量时，才是可能的，也才有意义。但是，它也同样几乎是不受控制、不负责任并且不具有合法性权力的。工会制度基本上是一种矫正性制度，而其极大的价值也在于此。它好比是身患脊椎弯曲症的社会机体所需要的一种矫形器，而它自身并不能创造一个健康的机体，对健康的机体用上了它毫无用途，反而只会起破坏作用。

作为社会哲学或政治方案的工联主义的倡议的最大幻觉，在于它们认为行业工会所拥有的权力具有合法性。而其论据不过是看到行业工会的领导人是其成员通过多数票选举出来的，因此既是民主的，又具有合法性。但是也正是他们，却又对那种认为现代公司的管理层既然是持股股东多数票选举产生的，因而既是民主的，又具有合法性的论点大加挞伐。他们会指出，持股股东对公司管理层的选举和控制只不过是一种徒有其表的法律装饰而已，而且在现实中管理层都是自命自封的，毫不受控制，而且几乎完全排斥了持股股东的个人财产权。不过严格来讲，现代工会领导层的情况也莫不如此，而且原因如出一辙。作为个体的工会会员就像单个的持股股东一样，对于其个人权力，他同样是既不想行使，也不知道如何以及出于何种目的去行使。这就像持股股东购买一家现代大公司的股票，因为他可以借此逃避所有权给他带来的决策困扰与责任承担。同样，工会会员个人参加工会的目的，也是希望借此逃避做决定的烦恼，并将这些责任的重担撂给了工会领导层。

工会会员行使其会员权力的唯一机会是遴选其领导层，但这只能等到发生一场灾难之后，这也类似于公司持股股东所面对的情况。一次罢工的失败就可能导致对工会领导成员的驱逐，这与连年的低效益或遭逢破产可能会导致公司管理层被持股股东改组撤换如出一辙。不过换汤难换药，所有案例无一例外，继任的新管理层仍然会导向旧管理层那种不受控制和无法控制的状态。实际上，现代工会就其内部组织运转而言，远不如公司来得民主。持股股东总能用脚投票，随时出售其股票，而工会会员则别无选择，他不得不继续做着他的会员，否则将生计无着。就社会而言，公司管理层对政治和社会权力的主张与工会领导人对这种权力的要求之间，其实并没有什么区别。两者无非半斤八两，谁也未能拥有真正的合法性基础。工会成员的多数式决策，就像持股股东的个人财产权的多数式决策一样，都同样只是一种法律预制。这一点对那些谨遵所有规则、例行选举、出版报告和致力于教育其成员积极参与工会事务的工会固然是真实无疑的，而对那些十年都难得举行一次选举，只是用铁腕强制方法管理，只知道让其成员定期缴纳会费却不允许他们发表任何意见的工会（这在美国不乏人知）也同样千真万确。因为正是工会成员自己放弃了这种法律预制给他们的权力与责任。假如某一个工会，其成员积极选定和大加指导其领导人，那么这个工会就只是个孱弱无能和挣扎难系的工会——这就像持股股东往往会在初创公司的早期发展阶段积极参与其经营管理一样。而一个工会或一家公司一旦强大起来并且站稳了脚跟，其必要的管理层就会变得能使自身长久存在并且独断专制起来。

现代的工会领导层与现代的公司管理层实际上存在极深的对应关系。他们发展起来就是为了与公司管理层打交道，而且他们的运作也基于同样的原则。相对于公司是正面而言，他们就是反面。双方之间的区别非常细微，倘若工会领导层与工业经理们异位而处，也根本难以察觉出有什么不同。在所有工业国家中，企业管理层与工会领导层所要求的个性类型和处事权谋实际上是相同的。在英国，在行业协会、卡特尔和工业联盟中取得成功（这是该国实际管理权的宝座）所需要的品质，与成功的英国行业工会领袖所具备的典型品质，有着惊人的相似。除了诸如他们上的是不同

的学校之类事实性区别以外，二者几乎可以彼此互换。不过，这种类型的
"公务人员"在英国的公共生活中确实不可多得。在希特勒上台前的德国
也是如此。那些克勤克俭、迂腐乏味、奉公守法而又缺乏想象力的行业
工会官僚，与那些同样克勤克俭同样缺乏想象力的卡特尔或行业协会官
僚、辛迪加和商会的秘书等，都好像是从同一个模子中铸出来的。

　　这一论点在美国可以得到最惊人的确证。上一代的行业工会领导层，
无论他是个塞缪尔·龚帕斯还是个威廉·格林，都极其忠实地反映出了
1914 年的战前年代里那种保守的、极其怯懦无为的银行从业人员或公司
法律顾问之类管理层的形象。那些在大萧条期间涌现出来的新的行业工
会领导人，与公用事业领域里那些金字塔式持股公司的大亨们，还有 20
世纪 20 年代主宰了美国工业界的声名显赫但纯粹是投机性的工业帝国的
那些草率从事的缔造者们，几乎并无二致。而且随着公司经营管理的潮
流，仅仅稍后几年，就已经出现了一种新类型的工会领导层：专业人员
和效率专家，他们将工会视为自治性的制度性实体，就如同现代的管理
层看待其公司那样。

　　用工会领导层取代公司管理层作为最重要的权力之一（当然，不能
作为决定性的权力，因为那是工会纲领所不允许的），并不会对社会结构
造成什么真正的变化。所谓换汤不换药，改换的只是统治者，而统治还
是原样没变。这种变化不可能建立功能社会的首要先决条件，即其决定
性权力具备合法性。它实际上只能增加非合法性权力所面临的危险。公
司的管理层可谓多如牛毛，即便在我们这种"垄断竞争性经济"中，竞
争也常常阻碍着有关的政治行动。而只要少数几个工会领袖就可能勾结
联合，结成严密的小圈子。

工联主义也未能提供功能社会的另一个先决性条件，即个人的社会融合。工联主义社会成员的身份和功能到底是什么？其生活中的社会目的到底又是什么？同时，工联主义社会所能实现的个人目的到底是什么？工会的天职就是必须促使同一产业的所有情形相当的工厂能够享受平等的待遇条件。因此，它不能允许某家工厂在功能上整合其工人及其工作，而自成一体为一个独立社区，它只能在政治和经济上保护工人免受剥削。但是一旦优势已定，在曾经的被剥削工人的工会翻身成了主人以后，它的目的又是什么呢？所有这些问题，都没有答案，也都不可能有答案。

工联主义作为一种政治力量，一旦作为其建立的初衷所要纠正的那些情况消失，这种政治力量也就会跟着瓦解消失。没有比一个已建立成型的、成功的、作为新生事物的工会体系更脆弱的政治与社会结构了。在政治上，工联主义和工会在其起步时期反对严重不平等和作为抱持着狂热而神圣的事业感的少数派时，确实可以说是强大有力的。一旦它们成长壮大、占据了优势并且众所瞩目，就开始变得松松垮垮、了无生气了。这是因为，工联主义和行业工会的特点就是作为一种批判、一种纠正、一种抗体而存在的。如果大多数的工人已被组织起来，如果大多数大企业都与工会达成了协议，行业工会也就失去了几乎所有功能，除了行政功能。由于该组织必要的集权特性（一些大的工会都有几名全国性的主席和书记），它们很可能不会遭到什么真正的反抗就被破坏。因为在工联主义不再是什么党派问题而已是既成事实的国度，总罢工的威胁已不具有现实性。

看上去曾经是我们这个时代里最强大、组织最完美并且管理最完善的行业工会组织——德国的行业工会，却没有任何抵抗就被缴械占领和破坏殆尽了。希特勒只是逮捕了一些工会领导人，占领了一些工会中央办公室，再查抄了几十册账本，就这样，作为工业欧洲最强大、最成功的行业工会体系就此销声匿迹、不复存在了。对纳粹政权而言，操控企业管理层要比破坏工会困难得多。企业管理层人数更加众多，而且他们不像工会那样集中在一起，何况，他们作为技术性人员还有可利用价值。7 年以后，同样的事情再度发生，不过地点挪到了法国——另一个完全工会化了的国家。

工联主义不可能成为功能性社会的基础。而且，它也不可能成为一个强大的政治运动的基础。它本质上只是公司管理层的一个影子，既不可能接替管理层经理们的位置，更不可能超越压倒经理们。

虽然说条条大路通罗马，但通往功能性工业社会的各条捷径中，没有一条能抵达其初衷之地。它们也并不都是一无是处或徒劳无益，它们都将对未来社会形成重大贡献——如果能够不通过政治革命，或者不经历社会崩溃，并且不毁灭我们的社会自由，我们也能成功地实现将来的自由工业社会的话。然而，这些运动和见解对未来工业社会的贡献，都将只是局限于一些次要的和技术性的方面，而不能提供基础性的东西。

尽管治标的方案千千万，却没有一个能够治本，这种情况下，人们就只能期待着奇迹的发生，希望或迟或早会有一种努力来将我们目前的这个工业的非社会建设成一个十全十美的功能性社会。这种尝试在詹姆斯·伯恩哈姆最近一本著作中得到反映，这本书在我们这个国家已经引起了巨大反响⊖。

　　⊖　詹姆斯·伯恩哈姆：《管理革命》(纽约：约翰岱河出版社，1941)。

伯恩哈姆先生宣称管理权是一种合法性权力。更重要的是，他实际上只是大声道出了许许多多经理一直思考而不可得的问题；他根本不认为涉及什么合法性问题。按照他的说法，经理阶层的兴起，"不可避免"地要导致一个管理型社会，管理层作为统治者居中高坐。无论是纳粹主义还是罗斯福新政，在他看来都只是笼罩在同样管理规则上的不同"门面"而已。至于这一统治所依托其上的资格有什么问题的话，伯恩哈姆先生假定，完全可以量身定做一种相应的意识形态并将其灌输推销给普世民众。按照他的说法，这一点已经做到了，在处理财产权和之前一切合法性权力的资格之前。

针对这一分析，首先要说明的是，政治生活中没有什么东西是不可避免的，是上天注定的，因为毕竟都是人的决定的产物。诉诸那种上天注定无可避免之说，通常不过是要求奴隶接受奴役的蒙昧之道。有重要意义的是，伯恩哈姆先生认为，所有的工业国家都"无可避免"地将走向极权主义道路。

不过，伯恩哈姆先生的分析，也是对过去20年发展过程的一种曲解。他所预测的将来的"管理型社会"，其实正是20世纪前1/3时段中我们社会的样子。而它早已成为过去。

将希特勒主义和罗斯福新政称作"管理型统治门面"无疑是荒谬的。虽然它们之间几乎毫无共同之处，但这两种政体都无一例外抨击管理权。纳粹主义废止了管理权，并且将中央政府承担管理层的政治功能，作为其创造一个功能性工业社会之努力的主要支柱之一。而在美国，剥夺管理层的社会和政治权力，并将这些权力移交给基于多数统治原则的合法权威，可以说正是罗斯福新政的社会方案之要旨所在。

工业国家中的人民仍然认可个人财产权为合法性权力的基础。这一点可以从亨利·福特在其与工联主义及罗斯福新政的斗争中所得到的民众的普遍支持上找到明确的证据。但是民众对单纯的管理权却不会有这种普遍的支持。通用汽车公司，虽然从其良好的口碑记录看很可能更值得支持，但实际上并没有得到什么支持。换句话说，伯恩哈姆先生，还有那些为他欢呼叫好的经理，他们认为实际统治自会成功地发展出自我辩护的意识形态，这根本就是毫无证据的。而现在的事实正相反，就像以往事实无不如此那样。如果要使权力的行使具有合法性，必须将其基于现有的普遍认可的原则基础之上。如果没有了这种原则，权力就会变得专制无拘，并且将丧失政治上的可接受性。

没有什么社会权力能长久得了，除非它具有合法性。只有当公司内部的权力能够组织在一个普遍接受的合法性原则之上时，这种权力才不会成为镜花水月消逝无踪。它将被一个集权中央政府接管——不是由于政府自己想要这种权力，而是民众逼迫政府将其接管。

而且，一个社会只有当它能够将其个体成员整合交融到一起时，这一社会才能功能运转正常。如果工业体系的成员不能被赋予他们今天仍然缺乏的社会身份和社会功能，那么我们的社会将崩塌瓦解。群众并不会奋起反抗，他们将陷入消极冷漠、怠惰无为，他们对于自由所应担负的责任只是逃避，因为如果缺乏了社会性意义，这种责任剩下的就只不过是一种威胁和重负。可以说，要么努力建立一个功能性的工业社会，要么眼睁睁看着自由本身在无政府状态或者专制暴政之中泯灭无踪，此外我们还能有什么选择呢？

希特勒主义的挑战与失败

　　希特勒主义的出现，已经使得发展一个功能性的工业社会成为我们最紧迫、最急切的任务。希特勒主义，不仅仅是创立功能性工业社会的一种尝试——一种几近成功的尝试，而且它还是一种寻找新的社会理想来建基社会的尝试。并且它正是始于对自由本身的放弃，这种自由曾被作为重商主义社会的目标，以及辩护其社会理想、社会制度和政治权力的正当理由。

　　纳粹党，以及围绕它而建立起的众多半军事化组织，直到纳粹军队，由于被看作一种创造功能性社会的努力，因此社会想当然就顺理成章地"泰然接受"了。这些制度性机构都是希特勒主义名义上用以给予个人社会身份和社会功能的机构。从这些机构中所能看出的唯一的东西，只是遮盖在纳粹主义在社会意义上的空洞无物上面的"幌子"，或者只是德国在羽翼未丰尚不敢公开黩武时暗整军备的各种伪装而已。这两种解释都挺有道理。其中之一甚或二者都本来就是纳粹头目们在创建其组织时所盘桓过的唯一初衷。但无论其初衷如何,这些新建组织都已成了社会机构,而且其目的就是要把工业体系的个体成员整合入社会。

在纳粹组织中,个人被赋予的身份和功能独立于生产过程,也就是说,独立于其经济上的地位和功能。至少从理论上说,而且从实践上也大致如此,一个人在纳粹组织中的等级地位与其财富、收入或者其在原有社会中的地位均毫不相关。唯一的标准就是政治能力、领导素质和对元首的忠诚。纳粹关于个人人生目的的信条是,这些目的应"完全"整合融入国家或种族的生活之中。假如这种目的真的被接受为个人生活的基本目的,那么纳粹组织可以说早已成功地将个人和群体整合融入于一种共同的目的之下——这是功能性社会的首要标准。

实际上,纳粹组织一直就在试图实现社会平等,或者至少通过为那些经济地位低下的人在非经济领域里实现机会均等而弥补经济上的不平等。赋予大量在经济领域地位低下的人以指挥和权威的职位,这是所有纳粹组织通行的做法。而与此相反,上层阶级的成员则被有意识地分配到纳粹等级体系的低级职位上去。在工厂或企业这类纳粹组织中,被置于高位的,通常是一个非熟练工人或低级职员,而且常常是一个以前的失业者。在工作之余,他反而成了那些他在工作时间里必须服从的人的上司。在 1936 年或 1937 年,当时大学也被按照纳粹体制组织,而充当组织领导的常常是看门的门房,并且他还充当着教授和系主任们的政治和社会监督者。在纳粹所有的公使馆和大使馆中,一种固定不变的做法是,由一名低级职员占据使馆中纳粹组织的最高政治职位。这个人就是现场的秘密警察代表,负责监督其上司的忠诚,并直接与国内当局联系。

他还握有对全体使馆成员直接执行纪律的权力。大使的职权纯粹是对外的，被限定于处理与派驻国的外国政府的关系。而在内部，一个不起眼的三等秘书、一个新闻随员或一个电码译员才是上司，才是元首的直接代表。同样，大学里的教授们，或公司的副总裁们的职权也只限于对外——对学生、对顾客以及对全体公众。在内部，控制权差不多都已被转移到了一些党的官员手中，这些官员在经济领域毫无政治和社会身份，通常是从等级结构的基层提拔起来。

这一政策刚开始时也许纯粹出于权宜。已成为政治首脑的非熟练工人，可能是纳粹分子在全厂所能信任的唯一的人。他也很可能被认为完全依赖于这个造就了他的政治权力。不过，纳粹的报纸和宣传人员对经济领域中的地位和身份所表现的蔑视是完全一致的，即仅仅将它们看作属于旧体制的、属于过去的。尽管从个别例子上看，这可能确实不过是一种一时的心血来潮，而不是经过了深思熟虑的政策，但其累积性的后果，却造成了处心积虑的并且是有意识的社会重新洗牌重组。

反对那种将处心积虑的政策归于纳粹分子的企图的一个更为严谨的论据是：纳粹分子的种种社会政策和社会计划实际上可以说是混乱不堪、矛盾不一，而且充满了或明或暗的观念和利益冲突，要将其看作在一个社会总体规划下设计展开的，这简直是荒谬。如果要说纳粹制度有那么一个"总体策划"，那么这种策划也比世人因受其宣传影响而想象到的情况差得太多。尤其是在社会领域，那种宏大的基本观念给人们造成的宣传印象，至多不过是无计划冒进的一个虚假的幌子，就像"坚如磐石的团结"的宣传图画，也充其量不过是其党内和国内种种现实而又深刻的冲突的一种掩饰。在纳粹的等级制度中，授予衔级的做法可能并不是出于一种一以贯之的有意识的政策，但其实施结果却是，纳粹组织在很多情况下总是将高级衔级授予那些在经济体系中等级低下的人——更多情况下都是授予那些失业工人、非熟练工人之类在经济社会中一没功能二无身份的人。

这一实践做法的基本社会含义，最直接地表现在先前社会的最后一个堡垒——德国军队的纳粹化过程中。在旧军队中，身份和功能是根据1914年前的社会秩序来安排的。通常，大部分常规衔级都是留给容克们的。但商业性统治阶层的专业人士和商人也被允许充当预备役军官。只有出身于"名门望族"之家，才能获得预备役军衔的任命。1914年之前的欧洲，除了在俄国，根本就没有什么平民军队。即便在俄国，下层阶级的人也几乎和德国军队里一样，被严格排除在军官序列之外。

今天，根据各种报道，没有任何一支欧洲军队能够像纳粹军队那样，普遍从一般士兵中提升选拔军官。纳粹化德国军队中的身份和功能根据技能而定。据以授衔和晋升的主要技能就是工业技能：机械师及维修工技能，工头和助理工头技能，卡车驾驶员和生产工程师技能，等等。这些技能，通常都不为经济上的特权阶层或容克们所掌握，由此，这两个阶层人士必然在新式纳粹军队里处于不利地位。而这一点外国的观察家们大都未明就里。因为美国或英国人从报纸上可能读到的总是那些高级指挥官的名字，而他们大都是在上一次大战中就已扬名立万的老将，不过是1914年前社会选择的产物而已。然而今天的师、团级军官——也就是明天的指挥官，似乎都越来越多地来自中下层阶级和工人阶级。旧军队里的统治阶层不断抱怨军队正在被"无产阶级化"以及"军队中再也看不到绅士"等，都为这一点提供了充足的证据。

当然，军队的这种"无产阶级化"，很大程度上是由技术原因造成的。修理一辆坦克或驾驶一架大型轰炸机，需要一定程度的机械技术，而这却是那些历史悠久的候补军官学校或法律学习中无法提供的。另一个显而易见的原因则是政治上的利害关系。对于纳粹政权而言，瓦解旧秩序唯一硕果仅存的这个社会群体——旧时军官团体，具有重大的政治必要性。而在军队这一非经济社团中补偿那些经济地位低下者的要求，与机会主义者们的考虑一样意义重大。所谓"军队民主化"，乃是纳粹在国内宣传中的最重要口号之一。他们不厌其烦地反复说：新式军队里，军衔授予只基于军事和技术技能；军队中的身份地位和功能独立于财富和出身；真正的社会平等在军队中已经实现。

根据纳粹教义，党组织和军队才是仅有的两个具有社会意义和建设性的机构组织。它们本身就是社会。经济领域不仅被看作辅助性的，而且被认为毫无社会意义，其价值、等级和分层都是社会中性的。他们并不否认经济不平等的存在，也不否认有大量人口缺乏经济身份和功能；他们只是断言，只要生产机器在顺利运转着，经济领域中所发生的事对社会就没什么重要性。纳粹统治层级中党和军队组织内部的身份和功能，也就是社会身份和社会功能，其中的级别就是社会级别，其中的声望就是社会声望，其中的报偿就是社会报偿。

常常能听到这样一种批评说，一名失业工人穿上了制服并被任命为纳粹冲锋队队长这一事实其实并没有改变什么，这种批评从纳粹的观点看没什么意义可言。这种批评是基于如下一个显而易见的事实，即穿上制服的纳粹冲锋队队长与他以前靠救济金生活一样，同样不能生产出任何东西，经济上没有任何变化。当然，在一个生产过程中的身份和功能决定社会身份和社会功能的社会中，这种变化确实根本谈不上什么变化。但纳粹主义的情况却并非如此，他们认为纳粹冲锋队是一种社会机构，而生产体系却不是。按照纳粹主义的观点，这表示一名被社会遗弃者已经恢复了其在社会中的公民资格，并且已被赋予了他以前所没有的身份和功能。那种认为他并不比以前生产更多产品的批评意见，在纳粹看来简直就是毫无意义的废话，是对其社会本质的一种完全曲解。

纳粹组织的社会意义在于，试图把工业体系中的个人生活整合到工业社会中。而纳粹政治制度的核心，则是试图使工业体系中的决定性权力成为具有合法性的权力。纳粹经济机器之所以强大有力的一个主要原因在于，对财产权已不再是工业体系内部权力的基础这一事实的理解察知。纳粹从来不理睬那些持股股东们——现代工业制度法律上的所有者和控制者。他们只是绕开持股股东，让其获得红利，再设法掏出来缴税或"自愿"投资于政府债券。虽然持股股东还保留有部分名义上的法律权力，但政治当局会寻求让他们不去行使这些权力。"清算"持股股东，容易引起政治骚乱，而使其瘫痪无效也容易如此。此外，在纳粹看来，财产的国有化很可能只会一无所获；因为工业体系内部的政治和社会权力并不是依托于财产，而在于实际控制。

纳粹政治组织聚焦的全部焦点是实际控制工业。凡原先由管理层经理们掌握的这种控制，现在都由中央政府独揽决定，如劳工政策、产量、价格、销售量和销售方向以及利润幅度等。纳粹保留经理们作为组织工程和运营方法的专家顾问。当然，纳粹也使这些经理从持股股东的控制中自由出来，他们也用不着再去与工会讨价还价。但是，天下没有免费的午餐，纳粹帮助管理层摆脱了对其权力的一些细微限制，目的却是为了强加给他们一个极权和专制的政府的极权控制和专制统治。

　　当然，对纳粹而言，那种认为在这种极权政府对经济领域的彻底控制下不可能有自由的批评，根本就不值一驳。他们从不道貌岸然地说要缔造或维护自由，他们从来就将取缔自由视为必要的、可取的。对纳粹来讲，最重要的莫过于，工业体系内部的决定性权力，已经为根据纳粹教义是一切权力的合法拥有者的组织机构所掌控，即已经为基于"元首意志"或"种族法则"的集权政府所掌控。换而言之，说纳粹主义是对自由的毁灭（当然，这确实千真万确）压根儿就不能驳倒纳粹所宣称的其政府拥有的权力是合法性权力，以及因此而声称的其社会是一个功能性工业社会的扬言。因此，要抨击纳粹主义，就必须从批驳纳粹所声称的其社会是一个功能性社会这一点入手。

　　纳粹政治理论，是从坚信现代工业大批量生产工厂正是极权主义国家的模型样板开始的，这是20年前的两位作家的观点，他们据说是对纳粹的社会政策和社会理论影响最大的两位作家：小说家恩斯特·约恩格和浪漫主义社会主义者穆勒·冯·登·布鲁克。纳粹的组织被卓有成效地设计出来掌控并且整合城市民众。包括纳粹党本身在内的所有纳粹组织，本身也都是由一个个小"细胞"构成——一个城市街区、一家工厂、一所大学等。这一制度只有在那种人们密集生活在一起的具体环境中才能运转起来。从纳粹运动早期阶段起，它也遭到了各种抱怨，说该组织在乡村环境中根本就难以发挥什么功能，因为在这种环境中纳粹组织运转所需要的严密监督和基层头目等级体系根本无法运转。纳粹主义的显著进展始于1927年（远远早于大萧条），始于将这些原则在一个工业城市——柏林的首次应用。在此之前，纳粹主义虽然得到来自乡村的和小中产阶级分子的有力支持，却从来不曾组织起什么大规模的政治行动。纳粹的标准组织模型是在柏林市郊西门子城的大工业区建立起来的，在那里，许多工厂（"工厂细胞"）的工人组织，担当着工余时间里将人们组织起来的基础，而且在那里，工厂中热衷政党活动的人同时也是选区的头头。

这一点看上去有点与纳粹颂扬农民的光荣以及"生存空间"和"血与土"等口号的意识形态相矛盾。当然，所有这些廉价的瓦格纳式伪浪漫主义仍在继续。甚至很有可能的是，连希特勒本人也对此深信不疑。但是，这一点就如同哥伦布直到临死都仍然坚信他所发现的真是印度大陆一样，并没有多大的意义。希特勒主义的现实纵使可以是任何别的什么，但唯独绝不会是浪漫主义；也可以是任何别的什么，但唯独不可能是瓦格纳式，而且它与任何农民或土地的荣耀也根本就扯不上任何关系。实际上，在纳粹主义中，农民已经被变为被遗弃的贱民。著名的《农场继承法》，表面上看是使农民永久拥有了对其土地的牢固所有权，实际上不如说是使土地永久牢固地拥有了农民。它又倒退回了隶农制度。在这种制度下，农夫为了虚构的社会保护而放弃了对社会身份和社会功能的要求权。纳粹的平均地权运动只是一种舞台道具，并且是那种最蹩脚的道具。纳粹政权的重点从一开始就在于对整个工业生产进行政治性组织。纳粹主义在国内的真正敌人，从一开始就是前工业时代的重商主义社会的统治阶级⊖。纳粹主义本身所基于的人性观念，是英雄史诗时代的人的

⊖　甚至纳粹反犹太的种族主义也基本上是一种手段，借以摧毁重商主义社会代表性阶级：专业人士、银行职员、工业家等上层有产阶级。导致这一阶级对中欧犹太人和非雅利安人认同的具体历史和社会条件，以及反犹太的种族主义（与宗教相对）意味着对这些阶级的实际毁灭的原因，我在《经济人的末日》(*The End of Economic Man*)"奇迹抑或幻想"一章中已经详细探讨。

观念。而纳粹主义的人所身处其中的社会，其目的宗旨的实现就是"战争与征服"。

战争成了社会的主要目的，成了人的本质的真正自我实现，而且还是社会秩序和政治组织的基本原则，这些想当然地成了纳粹领袖和理论家们的基本信条，这些信条还在他们的运动不过只是无数后厅秘密集会中的一种时就有了。但是，如果说英雄史诗时代的人成了纳粹社会的基础，战争成为其目的，只不过是因为希特勒和他的尉级军官党羽们就想要如此，那就未免过于简单了。实际上，纳粹党内部和纳粹领袖当中，都曾经过多年的努力，想要找到一个替代性的基本原则。

但是，没有替代性的原则可以充当起为一个极权主义工业体系的社会整合和政治权力提供基础的角色。只有全面备战才能为失业者提供就业。而军事或半军事组织则是唯一能赋予工业体系中的个体成员以身份和功能，而又不依赖于经济身份和经济功能的组织。而且只有战争以及为战争备战，才能使集权政府建立起对生产体系的全面和直接控制，并接管之前掌握在工业经理们和工会领袖们手中的政治和社会权力。

多数人都可能相信，正是这种战争和征服的信条导致了纳粹主义变为当今全世界的危险。其实，正是这一信条可能阻止了纳粹主义征服世界。多数人还可能相信，这种对战争和征服狂热专注的热衷，是纳粹分子力量的主要源泉。但是，这却可能正是他们最大的、最致命的弱点。而且，更多的人相信，如果没有其军国主义的狂热黩武，纳粹主义本来没什么危害。但是，最终将证明，其实正是这种战争和征服的信条，才是摧垮纳粹主义的因素。除了战争和征服，希特勒主义再也找不出任何别的什么来充当工业社会的基础，这一点最终将拯救那些痛恨和排斥纳粹主义及其所代表的一切的人。纳粹的战争和征服的基本目的，非但不能成为其力量的源泉，倒反而是其失败的真正根源。它非但不是对自由的最大威胁，倒很可能给我们机会去为一个自由的工业社会而努力奋斗。

纳粹分子除了战争和征服外，再也为其社会找不到任何别的什么赖以存续的基础了，因此他们的社会也就还算不得是一个功能社会。西方世界——更不用说在德国人中，没有任何人天生就愿意将战争视为社会的终极最高目标。最终，这种通过纳粹组织中的身份和功能而将个人整合入社会的努力，作为一种无效的功能整合而归于失败。个人都未能将战争和征服接受为生活的基本目标——既不是其个人生活的目标，也不是群体生活的目标。

纳粹主义未能找到战争和征服之外的其他任何别的基础，来建构一个工业社会，未能形成英雄史诗时代的人性之外任何别的人性观念，这正好将为自由奋斗的机会给了我们这些信仰自由的人。更重要的是，它将千千万万已经放弃自由的人（除了只会嘴上说说者），重新集结到了旗下，投入为自由而战的事业中来。几乎毋庸置疑的是，工业体系中的大多数民众——至少欧洲如此，可能都已经被威逼利诱着放弃了自由，接受奴役。他们所寻求的只是一种安全感。一群法国人在大战爆发前夕所喊出的那句著名的，或者说臭名昭著的声明说：他们宁可成为希特勒的奴隶，也不愿意打一场战争。这其实只不过是大声说出了其他千百万人萦绕已久的想法而已。而英国一位报刊撰稿人在慕尼黑协定之后竟宣称：捷克人应该感天谢地了，因为他们现在总算可以生活在和平与安全之中，用不着再为战争而担惊受怕。这种说法也绝不是孤立的现象。

假如纳粹主义能够在战争和征服之外，找到任何其他的奴役基础，那么其极权主义革命很可能就已横扫欧洲，而根本不会遇到任何抵抗。无论何时，只要纳粹分子假装要为其极权主义统治寻找战争和征服之外的另一种基础，他们就会在其他国家得到立即的响应。无论穷人还是富人，无论左派还是右派，在工业民众中间都怀着一种孤注一掷的希冀：只要能找到一个安全的和非军国主义的基础，纵使身受奴役也认了。在法国，纳粹关于以青年运动的伪浪漫主义为基础的极权国家宣传口号，将许多人，尤其是左派，都转化成了希特勒和希特勒主义的"合作"者。在英国，对一种基于"人体健美"的纳粹主义的向往，居然也以一种微弱却得到政府赞助的健美模仿——即健美运动的形式表现了出来，所幸的是，这种运动迅速随同慕尼黑的废墟被一并埋葬了。

这些也许都只是在一个歇斯底里的精神失衡时期的一种非常轻微的精神失常。但是作为一种病症，它们有着非常重要的内涵。它们表明：如果希特勒能够提供安全作为其奴役的基础，那么其极权主义对欧洲的工业国家将可能具有一定的吸引力。

所幸的是，纳粹主义奴役的基础只能是战争，而欧洲各国都不愿意接受战争和征服作为其社会的基本目的。因此，纳粹分子对他们的压迫，反而使他们拒绝和排斥奴役。毕竟，人民首先想要的还是安全，为了安全甚至不惜牺牲自由，但现在不得不为他们的自由而斗争了。正是希特勒自己，而不是任何别的人，在无意中非本意地重新赋予了自由曾经拥有但已经失却的意义和价值。

当然，这并不意味着只要摧毁了希特勒主义，自由社会就会自然而然来到。恰恰相反，甚至可以肯定地说，这种摧毁之举本身甚至不能创造出一个功能性的工业社会，更不要说是自由的功能性工业社会了。经过了这样一场灾难性的、灭绝性的战争之后，人民首先要求的就是一个功能性社会。他们甚至将比战前更情愿牺牲自由，如果这是建立一个可理解的、有意义的、功能性的秩序所必须付出的代价。当今最大的危险在于，我们打败战争的希特勒极权主义，而只是为了代之以一个和平而安全的极权主义。将永久性和平这种安全性置于其他一切目标之上的战后秩序方案，凡此种种——比如说保持一个世界级的超级大国，这与放弃自由并导向极权主义的危险只是咫尺之遥，而且其威胁性甚至有增无减，因为它比起希特勒主义，还覆盖上了一种道德性和现实性的面纱，因此更是难以对付。

我们不能期望胜利会自然而然、合乎逻辑地带来一个自由的工业社会。胜利只是第一个条件，只是万里长征迈出的第一步。不过，我们今天至少有了一个更好的机会来取得成功。可以肯定的是，西方人民的功能性工业社会，将在本次大战中产生和发展起来——如果战后西方还能存在的话。正是为了这一社会的基础和结构，本次大战还依然鏖战正酣。也正是因为我们社会的根基构成了本次大战的支柱，所以将这种功能性的工业社会建设成为一个自由社会也就不再只是梦想，而是曙光在前。

到现在为止，我们在本书中已尽力回答了这样一个问题：什么是功能性社会，以及建构一个工业体系的功能性社会需要些什么？下面，我们就要开始回答另外一个同样具有根本性的问题：什么是自由社会？

CHAPTER 6 | 第6章

自由社会和自由政府

1

在美国参战之前不久，纽约市召开了一次"自由集会"，集会的口号是"自由好开心"。这一口号的选择不太可能是受到某些更为深刻的思想所支配，就当时的大思想家、广告业和宣传界的大家们看来，就像为唇膏做宣传一样，这场集会也能用同样的方法，以同样的手段，为同样的目的，创造自己的"消费者需求"和"市场"。然而，作为一种征兆，这场集会有着非常重要的意义。它反映了当今自由国家之最大弱点，即：政治感觉和政治理解的混乱和匮乏。"自由好开心"的口号，近乎是对真正自由的背弃。罗马帝国的暴徒们至少从不曾借口伪称角斗场与自由是内在一致的，他们有勇气承认自己更喜欢角斗场。

自由并不一定使人开心。自由与个人幸福不同，与安全感或和平和发展亦有所不同。它并不是艺术和科学的鼎盛状态，也不是什么廉洁的好政府或最大多数人的最大幸福。这并不是说自由与所有这些或其中的任意一种价值观内在地不相兼容——尽管不兼容确实有可能发生而且时有发生。但是，自由的本义不在于此，它是一种负责任的选择。自由与其说是一种权力，还不如说是一种责任。真正的自由不是从纷繁世界中逃避，逃避就是放任。真正的自由乃是抉择的自由，做或不做，这样做或那样做，观点一致或观点相左，你可以自由抉择。自由从来就不是逃避，它永远是一种责任。它不是一种"开心"，而是人们所肩负的最沉重的担子：决定自己个人的行为，同时也决定社会的行为，并且为两者承担责任。

如果没有抉择和责任也就没有了自由。幸福、安全感、和平和发展或许尚存，然而，此时可能是最暴虐专制者的幸福与和平时代，是陀思妥耶夫斯基笔下的宗教法庭大法官所假想的幸福与和平时代，此时的宗教法庭大法官甚至不许臣民有不开心的权力，人们甚至无权决定自己是否想生活于这种和平与安定的状态之下。

我们知道，自由并非人类生存的"初始"状态。在原始社会，选择权的消解和责任的逃避随时随处都在发生——选择权的消解诉诸风俗习惯、禁忌和传统等僵化的制度，而责任的逃避则是以巫术仪式的形式来实现。同样，人类也并没有谋求自由的本能。"善于自我调整"的人类会本能地设法逃避承担抉择和责任的重负。我们都知道"人，生而自由"这句话有违事实，如果说要找一句比它更为荒谬的话，那就是："只要人类可以选择，他就会选择自由。"陀思妥耶夫斯基小说中的那位宗教法庭大法官在反驳耶稣时认为，人宁可做幸福的奴隶，也不愿做需承担责任的自由人。从心理学意义上说，他无疑是对的。

　　然而，自由确是人类生存的"自然"状态。它既非人类历史的初始状态，亦非人类心理上的直觉或情感选择。它是哲学先验意义上天然、必需和不可避免的一种状态——尽管其依据只是一个关于人类天性的哲学概念。自由不仅仅是一种可能，而且基于每一个人都必须在善与恶中做出选择的信仰，它也是不可避免的。没有任何一个人、任何一个人群能够永远拥有绝对的知识、绝对的保证、绝对的真理或绝对的权力。

　　自由的唯一基础是基督教关于人类天性的概念：人都是不完美的、软弱的，人都是罪人，是注定要化为尘埃的尘埃；然而，上帝按照自己的形象创造了人，人必须为自己的行动负责。只有当我们看到人类的不完美和非永恒是其本质且不可改变的时候，自由在哲学意义上才是自然和必需的。且只有当我们看到即便人类是不完美和非永恒的，他也得为自己的行为和决定从根本上承担不可逃避的责任时，自由在政治意义上才不仅是必需，而且是可能的。任何主张人类完美的哲学必然否定自由，而任何背弃伦理责任的哲学家也必然否定自由。

　　认定人类的完美性，或者认定人类已有趋向完美的已知或可知路径的前提假定，必然不可避免地导致专制和极权统治。只要全人类中有那么一个人被视为完美无缺或比其同类更臻于完美，则自由立即泡汤，因为以上关于人类完美或趋于完美的假设前提是背弃人类选择的权力和责任的。

　　完美无缺的人把握着绝对真理，或者说他至少比同类人离绝对真理更近，或者说他掌握一种绝对可靠的方法可达到绝对真理。但是，假如绝对真理是已知或者可知的，那么怀疑和挑选就毫无道理可言了。自由不可能与绝对的真理对立，我们不能与绝对的正义相抗衡。如果真理已知却选择背离，或者正义已言明却仍然诡辩，那么这只能说是愚蠢。进一步说，如果再执意不改、顽固坚持，那就是不道德和叛逆。

任何一个被认为是完美无缺或趋于完美的人，不仅有权实行绝对的统治，而且有道德义务来承担统治的职权。他必须克服各种批评、各种反对意见以及各种异议劝告，因为他，而且只有他，才知道何者对于其臣民最优。而压制臣民们对于自由选择和自由决定的权力声张，则是其职责所在。对付异己分子的酷刑和集中营，对付敌对者的行刑队以及监视臣民言论、行动和思想的间谍，所有这些做法对于那些自诩或被追捧为完美无缺或趋于完美无缺的统治者而言，都是完全合法的。而那些不接受其专制的人，则是蓄意忤逆真理，是故意选择邪恶。

依此类推，如果此时把前面那个永无过错的统治者替换为某个永无过错的人群，情况也完全一样。基于某人或某人群是正义的，或者趋于正义的这个前提假设，我们只能建立专制政府，除此之外别无选择。同样，也没有任何政权比主张绝对真理和绝对正义的专制暴政更压抑和更独裁。"你们将成为神，你们将会知道孰善孰恶。"魔鬼撒旦一直以此劝导人们。

如果人们无须对其在善与恶、真与伪之间做出的抉择承担责任，那么就不可能有自由。如果无须承担责任，那么结果就只能是无政府状态和对抗一切的混战。

否定责任就是否定绝对的善，或者说绝对真理的存在。然而，如果只存在相对的善或相对的恶，那么自由就会变得毫无意义。而善恶抉择也就毫无道德意义可言，抉择将成为没有结果的武断猜测。

今天有许多人完全愿意承认，无人能自称把握了绝对真理或绝对理性。然而，这种共识的基础并不是人的不完美性，而是不存在绝对的东西。他们并不怀疑人类的完美，他们质疑的是上帝是否存在。因此，他们否认善恶抉择存在任何道德责任。他们否定自由就像否定那些说"我即上帝"的人一样彻底。相对主义者和实用主义者实际上都是在说，抉择应由强者做出，因为任何选择实际在社会上都可以行得通。胜者为王，无论什么人，只要他的观点占据上风，他就是对的。基于这种观点，为什么弱者的自由应得到保护，或者说为什么弱者应得到表达不同意见的自由，就毫无道理可循了。

也许我们可以这么认为，只有通过假设在基本原则的冲突中双方都可能有错，而且至少在某方面肯定有错时，自由才成为可能。而事先假设某方很可能是对的，那么就不可能有自由。因为另一方不能够要求主张一种与预定真理相悖的观点，他们甚至根本无权持有这种对立的观点。而要想自由，就必须假定没有绝对真理，也没有绝对理性——尽管这往往难于为人们所理解。否则，也就不可能有责任感；而如果没有了责任感，除了物质利益，就不可能有滋生任何观点的理由了，也就无权表达自己的观点，而只有强者才配享有这种权力。

自由是从人类固有的弱点中产生和发展起来的力量，它是建立在深刻的信仰基础上的怀疑主义。假如真有人完美无缺，那么就不可能有自由，因为这个人将被赋予专制的权力。而倘若真有人穷凶极恶，那么他将不可避免地会设法攫取独裁统治大权。再假如所有的人都要么是完美无缺要么是穷凶极恶，那么也就不需要自由，因为没有人会对种种抉择有任何怀疑。正是因为没有任何人是完美无缺或穷凶极恶的，自由才有了成立的理由。而且正是因为努力向善是每一个人的责任所在，所以才有了自由的需要。

就我们看来，在基督纪元之外和之前，自由是超乎想象的。自由的历史并非发端于柏拉图或亚里士多德。柏拉图和亚里士多德两人均未能揭示个人对社会所应有的权力，虽然亚里士多德的观点比基督纪元之前的任何人都更接近以上观点，即：人生而不完美和非永恒。自由的历史也并非源于雅典的"极权自由主义者"，即那些否定一切个人责任的诡辩家，因为他们否认绝对的存在。

自由之树的根源在于山边的布道和圣保罗教堂。自由之树所绽放的第一朵花是圣奥古斯丁。但是，在这棵自由之树产生并发展了两千年以后的今天，对于如何理解自由是抉择和责任而非完美和效率这一问题，我们仍然存在困难。换句话说，我们依然常常会将柏拉图式的问题"什么样的政府是最好的政府"，与基督式的问题"什么样的社会是自由社会"相混淆。

如果不是在个人的层面上——作为个人的权力和责任，我们不太可能给自由下一个定义。此处的权力和责任既不能剥夺，亦不能逃避或授权他人。然而，不能下定义并不意味着自由没有社会意义。关于这点，其中最重大、最严重的一个错误是早期路德教派的神学家们所犯下的，他们宣称社会领域与个人抉择和个人责任是互不相干、毫无影响且可以置之度外的。如果将自由仅仅局限于"心灵自由"，而责任仅仅局限于个人的私生活，那么自由将遭到破坏。个人自由要求一个自由社会的存在才能得以实现。然而，社会不能对抗个人的自由。社会对抗个人保存自己的权力实际上是对自由的一种限制，而不是自由本身。多数人对抗少数人的自由不能够存在，强者对抗弱者的自由也不能够存在。维护和维持社会非常重要，但是，这与自由毫无关系，除非将其视为对自由的限制。如果将社会、组织以及多数人对抗个人的权力合法化，则是对自由的一种限制。而另一种限制便是放任——即个人可自由选择，而无须承担任何责任。你可在冰激凌和果酱面包之间"自由"挑选作为甜点，这不能说是什么自由，因为你无须对自己的这一选择负担责任。因此，自由总是包含但不限于下面这两种非自由的状态：一种是没有个人选择的状态；另一种是没有个人责任的状态。两者中任何一种状态的侵蚀都总能构成对自由的威胁。假如一方面可供个人的选择屈指可数，另一方面个人需承担的责任寥寥无几，那么自由就到宣告终结的时候了。

与决定其个人行动一样，人在作为社会一员负责任地参与社会行动抉择时负有相同的权利和义务。他不仅仅是兄弟们的管家，还是兄弟们的兄弟，并与其兄弟们一样是家庭中完全对等的一名成员。他不能根据自由所依据的关于人类天性的假设，来否认自己对所在群体的责任。他也不能将决定权移交他人以推卸责任——将它转移到君主专制政体不行，将它转移到议会多数派也不行。任何群体都不能够否决个人参与决定的权力。

从个人自由得出的政治和社会结论是自治政府，作为个人权力以及个人义务的自治政府。假如在自治政府中没有了个人抉择的成分，那么这种自治政府就只能是赝品。但是，假如自治政府中没有了个人责任，那么它同样也只能是专制暴政的一种掩饰和幌子。个人必须积极地、负责任地、自发地参与自治政府，将政府视为自己的政府，将政府的决定视为自己的决定，将政府的责任视为自己的责任。政治自由既非唾手可得，亦不会自发形成，既非八面玲珑，亦不能稳如泰山。它是个人对社会决定的责任感，是个人将社会决定视为自己的决定——在道德真理与道德责任的意义上，社会的决定也确实是他的决定。

自由是社会生活的一种组织原则。它并非一种社会制度或政治制度。自由社会可以有各种不同的基本制度，这是可信，也是可能的。但是，这些制度往往必须按照并且针对其成员的负责决定来组织。

自由纯粹是一种形式上的原则。它往往要求对人类需自由实现的活动或社会目标做出具体说明。自由人的概念与作为精神人或经济人的人的概念之间，并没有什么冲突。任何关于人的重要观念，都能成为一个自由社会或不自由社会的基础。自由可以是任何类型的社会的组织原则。但是，只有当一个社会以自由为原则来组织其基本信仰时，这个社会才是一个自由社会。而旨在实现其社会基本目标的社会决定领域，必须以负责任的个人决定为基础来组织。

最重要的是要意识到，政治和社会自由是社会基本范畴的自由——在这一范畴中，其价值观就是一个社会的价值观，其回报就是社会的回报，其声誉就是社会的声誉，其理想也就是社会的理想。在某个特定社会里，它可能是经济范畴；在另一个社会里，则可能是宗教范畴；而在此外的其他某个社会里，举例来说，如在 19 世纪的德国，又可能是文化范畴。因此，社会和政治自由并不是一个绝对的概念。如果一个社会的社会基本范畴建构在负责任的个人决定基础之上，那么我们拥有的就是一个自由社会——即便在该社会中可称作自由的别无他物。如果一个社会的社会基本范畴是不自由的，那么社会作为一个整体就不是自由社会；而除此之外，其他一切可能完全自由，可能都处于社会冷漠和个人放任的状态。

自由是社会生活的一种组织原则，这是政治学理论和实践的最重要观点之一。若未能充分理解这一点，就会产生很多的误解和错误。举例来说，对巴尔干的农民来说，资本主义的经济自由并非自由，关于这点西方世界感到几乎不可理喻。1918 年以后，在东南欧组建起来的一些国家政府，期望通过采用 19 世纪西方的商业资本主义、自由市场以及自由货币经济政策，来创建一个功能性社会。但是，对于构成巴尔干国家人口绝大多数的农民而言，其经济范畴并不是社会基本范畴，其经济价值也并不等同于社会价值。他们没有经济进步的理想，也不相信自由和正义可以或应当在经济领域里得到实现。此时的社会是部落社会和宗教社会。对于巴尔干农民而言，经济自由只是意味着不安全感，意味着国际市场的暴虐横行，意味着自己将被迫作为一个负责任的个人来进行选择和行动，而在他们看来，他们根本就不需要也毫无理由在这个领域做任何选择和承担任何责任。巴尔干的农民也许比欧洲的其他任何人都更珍视和珍惜自由，但经济自由对他们来说却只是一种威胁。

这也就解释了政治自由的意义和重要性——狭义"政治"的含义只局限于有组织的政府范畴。除非有相当程度的政治自由，否则就不可能有自由社会。

但是，形式上的政治自由和自由政府本身，并不等于自由社会。它们是自由的必要条件，但并非自由的终结者。

政治范畴本身从来就不是社会基本范畴——也许除非所处的社会是一个全面战争的社会。政治制度是为实现特定的社会目标和社会抉择而整合权力的一种机制。没有自由的政治制度，就不可能有一个有效的自由社会，各种抉择就不可能转变为社会现实，自由制度也就不能够转化为负责任的自治形式。但是，如果在社会基本范畴里没有自由，那么即使是最完善的自由政治制度也不可能构建出一个自由的社会。这种政治制度将无用武之地，并最终将因"用进废退"而蜕化变质。

自由停留在道德伦理抉择的问题上，而政治范畴应对的是权力的问题。权力只是一种工具，它在道德伦理意义上是中性的。它不是社会目标，也不是道德伦理原则。

就个人来说，权力很可能成为其个人野心的目标。但就社会而言，拥有权力者乃是公仆，而权力组织只是达到特定社会目标的手段。权力在社会中的作用可与金钱在经济中的作用相比拟。金钱非常可能成为个人经济活动的目标。然而，如果将经济视为一个整体，金钱就不复存在，它只是经济体系内部在各成员间分配商品的一种手段。就社会而言，经济体系的唯一产成品就是商品。同样，权力被用于等级划分，它决定着社会内部的关系，它是内部组织的一种手段。但是，社会的终极目标却往往是道德伦理目标。

这一论点可能得到普遍接受。然而，它得出的结论却与某些最流行的观点相矛盾。就社会意义而言，政治行动或宪法立法是无所不能的，这点我们今天几乎不用太多解释就能为很多人所接受。然而，如果形式上的政治自由只是条件而并非结果，那么纯粹的政治行动就不能产生自由，甚至不能将自由提升到任何有决定性意义的程度——假设自由政府满足了自由的最低条件。而一个自由社会是不可能通过立法产生的——尽管当自由政府所必需的最低条件遭到政治破坏时，可以按照法定程序来解除。因此，构建一个自由社会的主要任务在于社会制度方面。

举例来说，在美国，对宪法的尊重和推崇是一种社会现象，它不可能通过立法来产生。而对于美国的自由社会，这种尊重和推崇之情比起宪法的具体条文本身重要和有效得多，尽管美国宪法的具体条文做得非常出色。若宪法本身不是很出色，那么对宪法的推崇很可能就不会有现在这样的道德力量。然而，若没有对宪法的这种推崇，宪法本身再出色也无济于事。对宪法的尊重和推崇绝非由于宪法的出色而自发产生。过去曾有过一些在理论上同样好甚至更好的宪法，却总未能成为社会制度，从而也就彻底不能捍卫自由。1919年到1933年间的德意志共和国宪法就是这样的一个例子。

德意志的开国元勋们因其劳苦功高而备受赞誉，他们确实受之无愧。不过如果没有"弗吉尼亚王朝"几位伟大总统的话，要是没有约翰·马歇尔的话，要是没有林肯的话，他们的功绩再高也是徒然。因此，真正的危险在于：今天我们几乎已经忘记自由所倚重的是信仰和社会制度而非法律。如果我们想拥有一个自由社会，就必须时刻记住一点：法律制订的正式法案并不创造或决定制度结构、社会信仰和人类天性。

自由社会至少需要何种程度的自由政府和政治自由形式，这是一个至关重要的问题。但是，要想从理论上或以一种放之四海而皆准的标准来对此进行衡量，则相当困难。

我们都知道，关于君主政体与共和政体两种政府形式之间的古老论辩与自由毫无关系。在两种政府形式下，自由均有其存在和被破坏的可能。

与1919年的太平盛世相比，一个社会即便只有程度很低的自由政府和政治自由形式，自由社会仍有可能实现，或者我们可以将1927年视为自由社会的底线。与自由沦陷的现代极权社会相比，1880年的德意志帝国无疑更像是一个自由社会。19世纪中叶，德国人所享有的非常有限的政治自由形式，显然足以令经济和文化领域中非常真实和不容忽视的自由成为可能。而经济和文化在维多利亚中期的德国社会，正是其社会基本范畴。即便只能得到此前政治自由的一小部分，纳粹沦陷国的国民——包括德国人民也一样，就能推翻纳粹的专制暴政，重建一个自由社会。纳粹秘密警察的行动假设就是一粒政治自由的酵母能发酵一吨极权主义的面粉。

如果说政治自由的形式只是自由社会的先决条件而不是其结果，那么社会生活的很多方面就不可能有真正意义上的自由存在。原因就在于，自由是负责任的抉择，而在每一种文化和每一个社会里，都存在着或者无可选择或者无须为选择负责任的领域。由于自由是社会选择的道德伦理原则，它与人类行为和人类欲望的满足这两大领域很少有或根本没有什么联系：比如技术领域，这里就没有道德伦理的选择；社会无关领域，在这里无须为选择负任何责任。只有社会基本范畴才可能有自由或不自由之分，因为只有在这里才既存在选择，又存在责任。

显然，一个直角到底是 90° 还是 95°，美元的贬值是否会导致商品价格提升，在澳大利亚生产糖是否可行且有利可图，一条从纽约到华盛顿的铁路是应沿这条线路铺建还是沿另一条线路铺建，所有这些问题都不是道德伦理问题或政治问题。它们都是技术问题，对于技术问题可以展开很多讨论，专家之间可能会存在很多不同意见，其间可能充斥着争议和"自由讨论"。这些问题占个体和社会日常问题的绝大部分。但是，对于这些问题，每个人都有自己唯一的正确答案。而随着我们知识的提高或经验的积累，或者由于事实本身的变化，今天正确的答案，到了明天可能就会变得不正确。尽管如此，人们对于此类问题，在任何时间和任何地点，都有一个最优的答案。这个最优的答案是可证实、可衡量、可描述的；换言之，它是客观正确的。检验的方法可以是数学证明，或者是相应的核算方法、工程设计或盈利能力等，实用主义者称之为"实用性"。通常，这些问题只有一个正确答案，也就是说人们不会在此强加自己的主观意愿。然而，没有人的主观意愿就不可能有选择，没有选择也就没有自由。换句话说，整个技术和科学领域在道德伦理意义上都是中性的；而自由，如同其他一切基本价值观一样，它是一种道德伦理价值观。⊖

　　一方面，科学技术领域的中性说明，就像争辩"民主"心理学一样毫无意义。诸如行星大气层的化学成分，如何从最少的纳税人手中收取最多的税金，某种新药的效果等，这些科学或技术问题都有其相关的可衡量和可描述的事实。它们提供了政治、社会或文化方面决策的手段。但是，它们本身却并非决定。它们要回答这个问题，即：我们如何才能达到既定目标？但是，最基本的决定都是关于目标的决定。我们必须选择什么是合意的；我们必须明确，在目标相冲突的情况下，什么是大善或什么是小恶；我们必须判断，为了取得特定的成就，我们愿意做出多大的牺牲，以及在哪一点牺牲超过了成就。但是科学家、工程师、经济学家和专业人士根本不关心这些政治问题。他们的工作根本就不涉及价值观方面的基本决定，即道德伦理决定。不管社会是自由的还是不自由的，他们的答案都同样有效。

　　在技术领域里，没有真正的决定，没有真正的选择，没有真正的善

　　⊖　我彻底意识到这是对"科学真理"存在性的否定，唯一可能存在的只能是科学的正确性。

恶问题。在那些社会和个人生活的社会无关领域里，不存在社会责任。在 19 世纪 30 年代，一个美国人是浸信会教友还是卫理公会派教徒，是共济会成员还是扶轮社社员或者圣地兄弟会会员，是求学于哈佛大学还是北达科他师范学院或者 16 岁就辍学——所有这些对于这个美国人来说可能都是自己的重大决定。但是，这些决定都不附带任何社会责任。这些都是社会无关领域的决定。在这些领域，所谓选择的自由根本就算不上是自由，它只是随意放任。这些领域所谓的容忍也根本算不上是容忍，而只是毫不在乎。容忍你邻居的意见或行为不仅隐含着你必须认为对方有错这样一个前提，而且也表明你必须认为他的行为或意见很重要。这些行为或意见必须关系到道德和社会领域，而容忍一些无关大碍的事情，则既非德行，亦非罪恶。

这并非说社会无关就不好。它只是说明这个领域的问题与自由没有直接的关系。一个社会可以在其社会非基本范畴里制定最苛刻的行为规范，但仍然是自由社会。维多利亚时代的英国就是这样一个例子。一个社会也可以允许在社会无关领域里绝对放任，而在社会基本范畴里却没有负责任的决定权，这样的社会将是非自由社会，譬如古代某些帝国就是这样非自由社会的结构。

一个最为古老但争论最为激烈的政治问题是，在社会无关领域里，到底是严格的法规还是彻底的放任对自由有更多益处或者更少危害。这就是权威主义或者说集体主义与个人主义之间的争论。双方都有很多话可用来论证。在某种程度上，认为在社会无关领域如果太严格会伤害社会基本范畴的决策自由的观点是正确的。不过，与此相对立的另外一个观点在一定限度内也是正确的：社会无关领域里太多的放任会伤害社会基本范畴里的责任。

然而，必须看到权威主义与个人主义之间争论的是自由或不自由的问题，而不是对自由本身的讨论。

小结：如果一个社会的基本范畴建构在负责任的个人决定基础之上，那么我们拥有的是一个自由社会。只有看到人本质内在的不完美且无法臻于完美——但又需要为这种不完美和无法臻于完美负责，自由社会才有存在的可能。假如某一个人或某一群人——不论这个群体的规模大小，被认为是天生完美无缺或能臻于完美，那就不可能有自由。声称完美无缺或能臻于完美，其实就是主张绝对的统治权。

如果人为地建构某个绝对物作为人类努力的唯一目标，或者作为个人或社会行为的一个且是唯一的规范，那也不会有自由。这个人为的绝对物可是和平或战争，经济进步或社会安定，北欧日耳曼民族或最大多数人的幸福最大化。只要建构了其中的任何一种绝对物，都必然会破坏自由。

每一个人为的绝对物都是对自由的一种逃避。它否定选择而赞成主张人类行为"必然性"的决定论。它废弃责任而崇尚专制，在这种专制统治下，任何行动只要与掌握绝对真理的极权统治者的命令或要求相一致，就是合理的。另一方面，自由要成为可能，只有假定真正的绝对物必然存在，否则就不可能有责任。

与那些将自己的理念和理想绝对化和唯一化的理想主义者相反，自由的捍卫者们必须是一贯的现实主义者。但是，与那些否认信仰和理想存在的现实主义者、实证主义者、功能主义者、实用主义者、相对主义者等相背，自由的捍卫者们又必须是一贯的理想主义者。因为，自由在本义和实质上都是二元的，它的基础是人的不完美和人的责任感这两个极端。不管一个社会拥有什么样的法律和宪法，没有这样一个基本信仰也就没有自由。

自由并不是最高目标。它根本就不是什么目标，而只是一种组织原则。它不是一个前提，而是从基督教关于人类天性的教义中得出的结论。选择的权力和由此而产生的责任才是自由真正的前提。换句话说，自由并不是一种具体的制度形式，它是一种信念——相信人类是"骄傲而卑劣的生命"。

2

如果说只有在假设人生来就非完美无缺且不能臻于完美的前提下自由才能成立，那么只有在组织起来的政府之下自由才能存在。如果没有政府（无政府主义者的乌托邦）则绝不可能有自由。在无政府主义状态下，大善大智者能够生存，而大恶者也必然能够生存。天使们不需要政府，而魔鬼们又组建不了一个政府。自由之于二者，一者不能一者不需。霍布斯认为政府是连年作战的大恶人之间通过契约建立起来的，在他关于人类天性的假设中得出的结论应是：人与人之间大规模的混战，将一直持续下去。但是，霍布斯关于人类天性能够由凶残突变为温和而理智，从而能够接受一个政府的空想是没有根据的。那种认为静候一片面包到手要比为整条面包拼命更好的论点，从未曾真正说服对权力的贪婪和欲望。

然而，不完美的人必然要一个政府，因为他们能够是且必须是自由的。他们必须有客观的规则，必须有权威，必须有最终的裁决者，还必须有组织力量来审批各种规章和决策。而这个组建起来的政府，既是人性弱点和不完美的标记，又是将这种弱点转变成自由力量的手段。

人类需要一个有组织的政府，这样的说法其实就等于人类需要一个有组织的社会。有组织的政府是社会的一个要件——尽管这绝非全部。然而若要自由，一个政府就绝对不能仅仅停留在依法进行政治组织的层面上，而是首先必须受到限制，既要限制政府权力的范围，也要限制政府权力的行使。政府必须是负责任的，而且，必须是实实在在的自治政府。

以上所有的这些要求，都直接来源于关于自由所能唯一依托的人类天性假设。然而，不论采用的是何种选举或挑选方式，无人能够做到完美无缺。因此，不允许任何人实行绝对统治；不管是什么政府，其权力都必须有限制，否则，它就势必会转变为一个专制政府。

而过去对政府行为公开、公正并且有规则可依的要求，也同出于此。但是，假如政府不受正式的程序规则的约束，那么其独断专行就能够肆无忌惮。因此，在英美宪法和实践中，自由最重要的守护神，便是行政法案的司法审查。行政官员和行政机关对其职务行为向法庭进行说明并对法庭负责，这也许是对官僚主义霸权最成功的制度限制。对行政机关的司法监督，作为对自由的捍卫，实际上可能要比美国同样知名的法院审查立法法案权更加重要。虽然英国法院只能控制行政法案而不能弃议会法案于不顾，但在英国，政府并没有变得独断专行。而在欧洲大陆，行政机关的独断专行已构成了对自由的严重威胁。甚至在那些有特别行政法庭执行特别行政法规的地方，官僚主义也得不到有效的限制和控制。

而这种行政霸权对于自治政府的伤害，要远大于缺少对立法机关的司法控制对自治政府的伤害。在法国尤其如此。法国的行政法案被视为游离在普通法律之外——这与英美两国的行政法案隶属于法庭的情况正好相反。

对政府"法治而非人治"的要求，从字面意义上理解，纯属法律学家的废话。政府必然掌握在某些人手中，它必然牵涉到决定，它必然是"政治的"，它需要解决各方主张的对立、利益的对立、信仰的对立——却没有万无一失或者对号入座的最佳标准。企图将政治逐出政府是大错特错。而为了达到这个目的，试图赋予行政机关独断专行的霸权，将政治决定权交给通过绩效管理系统竞争上岗的专家，这些做法不仅会造成政府僵化，还会直接导致如出一辙的专制。而将官僚统治绝对化，是最为专制暴虐的做法。

政府的基本决定——即政治的实质，不可能受对号入座的规则所支配，否则就无决定之说了。不过，同样正确的是，决定的形式、自由政府行使权力的技巧和方式方法，必须是可预测和公开的，且受制于某种非人力因素——换句话说，权力的行使要受制于客观的程序规则。

自由政府必须承担责任的要求与自由政府必须充分实行自治的要求，多少有些重叠的内容。两者的假设前提都是人需要为自己的决定负责，且这种责任既不能逃避也不能转移给他人。一个不负责任的政府就是一个剥夺公民做决定的责任的政府。而政府是否负责任，影响可能并不大，因为政府已为自己攫取了不承担责任的权力，或者说政府已经得到无须承担责任的授权。而个人对政府行为的道德责任，只是通过政府对公民形式上的责任而非常不全面地得以实现。要使政府成为一个自由政府，需要公民积极、负责任地参与。公民不自觉承担自治责任的政府不可能是一个自由政府。

3

自由政府与多数统治能够兼容吗？完全无须假以任何思索，西方人今天对这一问题的回答将是：二者同义自然兼容。"自由政府"和"多数统治"作为术语常常可以随意替换使用。然而实际上，相对于少数统治或一人统治而言，多数统治与自由政府的共性并不更多。民众政府与自由是兼容的。在非常严格的条件和限制之下，民众政府是实现自由的最佳手段。另一方面，多数政府与自由及自由政府可能不相兼容，甚至是敌对的。今天西方人普遍接受的多数统治的概念是一个绝对的概念，它与自由针锋相对，是对自由政府的直接攻击。

几乎所有关于民众政府的现代学说，自觉或不自觉都是从这样的前提出发：多数人共同来决定是非对错，多数人形成的决定是正确的决定。至少，我们认为多数人要比少数人更可能有理性，更可能掌握真理。换句话说，有这样一种假设，即数量上的多数即便做不到完美无缺，至少也比少数更接近完美无缺。多数的极端形式，也是更常见的形式是，多数完全等同于绝对真理和绝对权力。多数人认为对就确定为对，理由就是多数人确实这样认为。此时，再要申诉是不可能的。实际上，真理已预先昭然天下，已成为一个公理，不容任何置疑。

这里，对于将质的规定性建筑于量的基础上的"多数即真理"理论，其逻辑、哲学或形而上的含义我们并不感兴趣。我们所关心的只是政治现实问题：这种多数统治的理论，与自由政府和自由社会兼容吗？无疑回答是否定的。今天多数人普遍认为多数原则是一个专制、暴虐、非自由的原则。

然而，如果多数人确实发现了或是创造了正义、真理或善行，那么我们就无权对其加以反对。多数就是法律。它假定数量上的多数即便做不到完美无缺，至少也比少数更接近完美无缺。只要确定了 51％ 的人所想要的东西，其余 49％ 的人就有道德义务支持和加入这些占微弱优势的人。从理论上说，在多数主义的假设下，自由讨论、自由言论以及其他形式的疑问和异议，在多数意见确定下来之前还是可行的。但是，多数意见一旦确立，就没有道理再来表示疑问或持有异议了。而现实中，在多数主义的假设之下，即便是多数意见确定之前的那点自由也几乎不太可能。今天的绝对多数派很快就会巩固自己的永恒地位，并将此后的规则最终定格下来。那么，如何才能阻止这种情况的发生呢？假如多数意见凭借单纯的数量优势来进行推理或伸张正义，那么我们应该如何进行约束以及为什么要进行约束呢？

在今天普遍接受的多数主义假设前提之下，只有多数派才能有权利和义务。然而，自由却是少数和个人的权利和义务，是独立于多数且与多数对立的权利。甚至是多数主义的最极端分子都承认这一点，因此他们都很直觉地谈论个人自由、公民自由和少数权力等问题。而在他们的信条中，并不真正有个人自由和个人责任或公民自由的空间。不过，当今大多数的多数主义者都认为（尽管是错误地认为）他们的信仰代表了自由，他们郑重声明要加强公民的自由和少数的权利，在主观上他们并没有任何伪饰。

因此，在现代多数主义信仰的客观推论和情感之间，存在着一个基本冲突——自由主义者的典型冲突。自由党人已花费了许多时间和精力，试图解决这一冲突。但是，他们所能做的充其量也不过是要求多数派加强自我约束，奉行公民自由，并保护少数人的利益。然而，这种自我约束无论在理论上还是实践上，都是既不充分也不现实的。

首先，这种自我约束不能带来任何自由。保护少数和保障公民自由，只能保证一种消极的自由，即：不出现无约束的多数专制。但是，它们既不给个人以选择，也不要求个人承担责任，它们并非积极的自由。自我约束至关重要，在自我约束得不到维护的地方，主张自由和负责任的自治政府无法生存。但是，自我约束抑制了个人负责任地参与政府管理的积极性，而参与政府管理正是个人的权利和义务。

其次，也是更为重要的一点——个人权利和公民自由在关于多数统治的现代学说之下得不到维护或者声张，不管自由主义者的意图如何。假如多数派找到或者创造了正义和理性，那么少数派和异端们还能得到保护甚至是容忍吗？多数统治的约束，在多大程度上是必要、永久和绝对的？现代多数主义的理论和实践，最多不过是把个人的权利和自由视为对古代迷信的礼貌却毫无意义的让步。而多数派有权随时撤回这些自愿的让步。但是，个人的这些权利和自由迟早会被视为反对人民意愿的反动势力。它们必然表现为少数反对多数的无端特权，仅为私人压力集团和私人利益集团所设立和操纵。而那些真正捍卫个人自由的权利和自由，往往最有可能遭到以多数和进步为名义的攻击。因为正是这些权利和自由，终将与多数意志发生冲突。如果将多数统治的权利建立在多数，即正义或至少比少数更接近正义的主张之上，并且秉持这一信条，则真正的自由、真正必要的权力和真正的公民自由都不可能得到维系。现代的多数主义学说与自由是完全不相容的。

绝对多数的统治是专制的统治，这一直是远古以来政治思想的一个信条。但是，保守主义的一般结论——认为君主政体和寡头政治更好，正如多数统治的民主主义者的现代观点一样，是站不住脚的。而那些主张君主政体或寡头政治的抗辩，从来就与自由格格不入，这种观点往往认为君主政体和寡头政治是更好的政府。这里我们正好有一个很好的例子，基督教关于自由政府的政治观点与亚里士多德关于最佳政府的政治观点，非常明显两者关系很混乱。那些关于自由的论点常常用关于最佳政府的论点来加以支持或反对，或者反过来用最佳政府的观点来支持或反对关于自由的论点，这种情况极大地影响了我们关于政治的一切理论和实践的讨论。

必须认识到关于最佳政府的经典论断结果是否定自由的——这点尽管心照不宣却非常明确。只有坚定不移地相信根本没有"最佳政府"这种东西，甚至连较佳政府都没有，自由才能成为可能。而自由要成为可能，需假设不存在某一统治集团（不管是通过何种方法挑选还是选举出来）较佳或最佳。否则，如果存在某一最佳的统治集团，则他人将无权持异议和反抗，公民将毫无选择，而本来应该尽公民义务的个人臣服于这个最佳政府的各方贤达，从而无须承担任何责任。那些与自由切身相关的人坦率地承认，可能存在个别的自由政府远远劣于某个不自由政府。他们要表达的主旨就是论据与论题无关。他们也承认，最佳政府之所以最佳是因为统治者是最佳人选。他们只是否定存在这样一种确定或者可知的方法，可以用来挑选出此类最佳人选。

　　这并非是对民主的攻击，而是对民主的强化。如果我们把最佳政府问题看作人类既无法回答，也不能以某种放之四海而皆准的永恒有效方法加以解决的话，那么我们就为民主信念解决了最薄弱的一环。因为关于多数选举是否是挑选最佳人选的最佳方法的问题就尘埃落定了。这个问题遭到论敌如此猛烈持久的攻击和驳斥，这是传统的多数统治学说中尚未有过的事情。然而，这只是一个站不住脚且荒谬可笑的论题。但是，当意识到我们并不是在谈论最佳政府和最佳统治者人选问题，而是在谈论自由政府和自治政府的实现问题时，困难就消失了。我们可以承认——因为这点非常明显，多数选举根本不能保证可以挑选出英明、公正的最佳人选。不过，其他方法的结果也完全相同。结果的好坏——好到什么程度、坏到什么地步，取决于在特定时间或特定地点进行选举的人。重要的是，通过多数表决的选举，是否比其他方法更有利于一个自由政府的实现。

　　过去曾出现过比民主政府更好的君主政体，也曾出现过比君主政体更好的民主政府，还出现过比这两者都好的寡头政治。不论"最佳政府"如何定义，事实胜于雄辩。传统的极端保守主义认为，多数统治即专制，而君主政体和寡头政治很好；传统的激进论则认为，君主政体和寡头政治是专制而民主制很好。两种观点均前后矛盾且逻辑混乱，谁都驳不倒对方。问题不在于哪一种政府更好，而在于哪一种政体可容纳下一个自由政府。多数统治，如果按照现在常采用的定义那样去理解，则与自由不相兼容。如果君王或统治者将其对少数派的统治建立在其所声称的正义或相对于其他人更接近正义的基础之上，那么君主政体或寡头政治同样也是专制的。假如一个统治者声称自己是完美无缺的，那么其具体采用的是一个人的统治、少数人的统治或多数人的统治对自由的影响就没有什么不同。与自由不相兼容的并不是最高统治者的人数，而是统治者对完美无缺的主张。多数统治对自由的威胁相对于一人统治或寡头政治而言，无所谓更大，也无所谓更小。

最佳政府不是计划出来的，它不能由法律或制度的手段来担保。因为最佳政府是无数无形因素相互作用的函数，这些因素包括：社会的道德特性和某些政治家的个人才智。相对于民主政体，君主政体或寡头政治在本质上无所谓更好，也无所谓更坏。而要假设说这些政体中存在某一种可能比其他政体更好，这甚至都不太可能成立。这一亚里士多德式的问题没有答案。实际上，只要我们相信人尽管有责任感，却不可能达到完美，那就没有问题了。因为亚里士多德式的问题本身就否定了自由，而关于自由的假设，也否定了最佳政府存在的可能性。

假如我们认定多数即完美无缺和不受约束，则自由不可能存在。但个人和政府的这种不完美性和局限性，在民主的基础上比在任何别的基础上能得到更好的表达。

首先，多数决定法是自古迄今政府所能设计的一种最严格、最有效的约束。尽管多数决定法本身尚不充分，但对于统治者而言，多数决定法要求统治者获得被统治者的广泛拥护，这是对政治权力的强有力约束，也是对政治自由的捍卫。政府成为多数派的奴仆，这本身与自由的观念就是非常不协调的。但是，表现为多数决定法的形式，能够接受被统治者约束的政府，相对于其他政府更有可能是自由政府。

更为重要的是，作为自治（自由政府最重要的一项要求）的实现手段，民众集会、全民投票和普选得到广泛采用。没有公民参与负责和决策，就没有自由的政府。多数决定法，可成为政治人物实现其最接近于自治政府理想的最令人满意的方法。但是永远不应忘记，它同样能用来剥夺公民个人的责任。

民众政府可能比君主政体或寡头政治更接近于自由政府。多数决定法可能会使政府受到约束，而投票和选举机制则可用以实现自治。但是，如果民众政府成了完美无缺或臻于完美无缺的多数派的神权，那么它就会退化成专制暴政。假如它被滥用，成为公民摆脱责任和逃避参与社会和政府决定义务的手段，那它就会失控成无政府状态。

只要初通政治理论史，对这个关于自由的民众政府的理论，就不会感到惊讶。它实质上是基督教自由的理论，这个理论为欧洲 14 世纪和 15 世纪的第一次民主大发展奠定了基础。那时的政治理论家完全懂得政治自由的需要、民众政府的功能以及多数统治的危险。民众政府的理论是 1688 年光荣革命的理论，也是"联邦党人"的理论、伯克的理论以及所有其他人包括后来的阿克顿爵士和法官霍姆斯先生在内的"自由派保守党人"的理论。在过去五个世纪中，民众政府理论所改变的只是具体的制度的实现，其基本理论并未改变。

不过，在传统基督教的自由理论与 18 世纪末期找到的解决方案（在此方案基础上建设 19 世纪的自由社会）之间，存在一种根本的区别。最初的理论仅仅关注形式上的政治自由，它是一种"自由政府"理论，而不是一种"自由社会"的理论。然而，美国的开国元勋们，以及英国的伯克，将努力的方向集中到如何建立一个自由社会上。他们成功地实现了自由政府和自由社会的整合。

他们不仅懂得，一个自由政府本身并不是一个自由社会；他们还看到，没有二者的整合，就不可能真正捍卫自由政府免遭下面两种危害：多数赞同退化为多数统治，民众自治退化为党派专制。

18 世纪末期"自由派保守主义者"的一个伟大创新，在于把政治权力和社会治理并列起来。而 19 世纪开始有意识地把政治权力的合理性原则与社会治理的合法性原则区分开来。它把政府和社会按不同的制度组织起来，并限制两者统治范围的交叉。诚然，就像持此解决方案的 19 世纪批评家们常常说的那样，在政治权力和社会治理之间并没有天然的分界线。两者之间的界线纯粹是一种人为的界线，而人们这样做的目的是为了使自由政府和自由社会成为可能。同样，我们不能要求一个社会中没有政府。社会基本范畴——不论具体是何范畴，实在是太重要、太"政治"，不能没有政府参与。但是前面解释过，两者之间的分界从来就不曾有 19 世纪自由主义所认为的那种"自由放任主义"的含义。18 世纪末期提出的解决方案，远非要求在社会基本范畴中去除社会治理，而是为社会基本范畴明确权力组织。它只是要求，这一社会治理与政治权力本身在制度上及其合法性基础上是不相同的。

我们把西方世界迄今所获得的一切自由，都归功于 1776 年那些伟大的政治思想家。他们的出发点源于这样一种思想，即作为自由政府道德伦理基础的多数赞同必须得到抗衡。在政治、法律和制度上，社会基本范畴必须有一个与之相抗衡的权力道德伦理原则。而社会基本范畴里的这一原则，必须受到与之相抗衡的政治统治原则的限制。麦迪逊、伯克、杰斐逊和汉密尔顿的出发点就是坚信："权力的任何道德伦理原则都将演变成为绝对主义原则即专制的原则，除非受到一个与之相抗衡的原则的遏制、控制和限制。"而过去一直仰仗的宪法保护措施并不充分，它们常常被推翻重来。一元论的权力基础必将成为绝对主义的权力基础。因为它的唯一性，所以必将有一天会被认为是完美无缺的——而这一旦发生，自由就不再可能。

　　作为一种哲学原理，政治领域的政府与社会治理相分离并不新鲜，它与基督教关于自由政府的理论一样古老。圣奥古斯丁第一个将社会划分成上帝之城与世俗政府。在著名的"两把剑"理论中，也表达了同样的思想：政治政府的世俗之剑掌握在帝王手中，社会秩序的灵魂之剑则掌握在教会手中，中世纪的鼎盛时期曾企图用这把剑来寻找一个自由的社会。在斯图亚特王朝，首席大法官柯克把普通法与王室和议会法并列，非常明确地提出了这一思想，而美国拥有对议会法案的司法审查权的最高法院后来又将这一思想明确为自己的理论基础。西方之所以拒绝采纳一元社会秩序，甚至可以说是拜占庭帝国皇帝一人身兼政府和社会二职的社会秩序瓦解的真正结果。总而言之，这一基本理念与上帝的忠告"是恺撒的归恺撒，是主的归主"一样古老。

　　然而，政府和社会的分界，作为实践政治的一条操作原则，起源于1776年和1787年像美国革命的开国元勋们和英国的伯克那样的一批自由派保守主义者。正是他们首先清醒地认识到政府和社会的分离是自由的基础。他们还非常清楚，这一解决之道的实质是两者的分离及合法性权力的两个独立原则并列共存。在一切更早的理论里，两者哲学上的并列曾导致过实践政治中企图将两者关系定义为从属关系。直到1776年提出的解决方案，它们才第一次用于相互抗衡。

　　在19世纪，政府和社会都是自主、平等和合法的。两者的基础都是公民负责任的抉择和负责任的参与。但是，两者具体的统治基础又有所

不同：多数赞同使得政府合法；私人财产统治社会。因为经济领域是 19
世纪的社会基本范畴，所以财产权总是约束多数权力，并且防止其蜕变
为多数统治。多数权力始终遏制财产权，防止其蜕变为富豪统治。

　　财产权在 19 世纪特殊的社会背景下作为其社会治理的基础，这对于
一般原则而言并不十分重要。重要的是，一个自由的社会和一个自由的
政府，只有在有两个相抗衡（而不是一个）的权力基础时才是可能的，这
里一个是社会力量，另一个是行政组织的权力。1776 年的那些自由派保
守主义者，他们对自由理论和实践最伟大而不朽的贡献就是认识到了一
个自由的民众政府（不管理论上多么正确），在实践中不可避免地要退化
为集团专制或阴谋政客的暴政，除非有一个二元的权力基础。只有政治
领域里的自由政府与社会基本范畴里的自由统治相互抗衡、相互制约，
自由才能持久。这一认识代表了自 1350 年或 1400 年城邦共和国早期基
督教人文主义时代以来政治思想的最伟大的进步。它也首次完全令人满
意地回答了这一古老的命题：一个自由社会如何才能真正实现？因此，
它必须是关于未来自由社会的一切具体政治思考的出发点。

从卢梭到希特勒

1

在当代的政治和历史著作中，存在着一个普遍的共识，认为我们的自由根源于启蒙运动和法国大革命。正是由于持此观点的人如此普遍，且对此观点的接受又如此完整，以至于 18 世纪理性主义者的传人抢先占用自由主义的称号，自封为自由主义者。

不能否认启蒙运动和法国大革命对 19 世纪自由的作用。但是，这种作用完全是消极的，它们是炸掉旧建筑残骸的炸药。它们并未给新的自由机制添砖加瓦，而在整个 19 世纪，新秩序恰恰就架构在这个新的自由机制之上。恰恰相反，启蒙运动、法国革命以及继承者，直到我们今天的理性主义的自由主义者，均与自由截然对立。从根本上说，理性主义的自由主义就是极权主义。

　　而西方过去两百年历史中的每一次极权主义运动，都是由当时的自由主义发展而来的。从卢梭到希特勒存在一个直线相承的脉络关系——在这条线上还有罗伯斯庇尔等。他们都起因于各自所处时代唯理论自由主义的失败，他们都保留了各自自由主义信条的实质，都利用相同的机制把理性主义潜伏低效的极权主义，转换成革命专政下公开高效的极权主义。启蒙运动和法国革命为我们埋下了威胁今日世界的极权主义专政的种子。希特勒主义的"父辈"和"祖父辈"并不是中世纪的封建主义或 19 世纪的浪漫主义，而是边沁、孔多塞、正统经济学家、自由的宪政主义者、达尔文、弗洛伊德以及行为主义者。

　　启蒙运动最伟大的发现是，人类理性是绝对的。在这一发现的基础上，不仅建构了一切后续的自由主义信条，还有从卢梭开始的一切后续的极权主义信条。罗伯斯庇尔设立理性女神之位绝非偶然，其象征性虽比后来的革命分子更加粗浅，但实质并无大的不同。而法国革命挑选一个活人充当理性女神的角色也不是偶然。理性主义哲学的要义在于，它赋予真人完美无缺的绝对理性。而此时的象征与口号已发生了变化。1750 年"科学哲学家"享有至高无上的地位，100 年之后主张经济学上的功利主义和"快乐—痛苦计算"的社会学家与之易位。今天荣登高位的则是持种族和宣传决定论的"科学心理生物学家"。尽管如此，我们今天论战的对象基本上仍是最先由启蒙学派和百科全书派（1750 年的理性主义者）提出，并最先导致 1793 年恐怖时期的革命暴政的极权主义绝对论。

　　我们必须清楚，并非叫自由主义就必然是绝对主义的信条。诚然，每一次自由主义运动都包含着极权主义哲学的种子——正如每一次保守主义运动都包含着反动倾向的道理一样。在欧洲大陆，任何一次自由主义运动或任何一个自由主义党派，其基本信仰都不可能不是极权主义。在美国，极权主义因素从一开始就有了很强烈的表现——其渊源既有清教徒的传统，又有欧洲的影响。而自从上次大战以来，世界各地的自由主义都蜕变成为绝对主义。是的，今天几乎可以毫无保留地说，自由主义者就其客观信念而言就是绝对主义者。

但是，大约在 1914 年以前的 100 年间，英国确曾发生过这样一次自由主义运动，它并非绝对主义的自由主义运动，也并非与自由不能兼容，同样也并非是基于一种人为的绝对理性。而同一时期，美国存在一种与绝对主义的自由主义相反，而与英国的自由主义相近的自由主义传统。法官霍姆斯先生曾对这种自由的、反极权主义的传统做过形式最完善的表述，但它在美国通常并不是占主导地位的自由主义传统。这种传统往往为极权主义自由主义所掩盖，而极权主义自由主义最杰出的代表则是美国重建时期的废奴主义者和激进共和党人。尽管如此，这种传统却在林肯执政期间产生了反对绝对主义和真正自由派自由主义的最伟大的象征。这种传统通过平民主义而在政治上产生作用，而平民运动是共和国建立早期最为本土化的美国政治运动。此外新政，虽然理性主义在其中占很大优势，但其感召力和政治有效性都得归功于其平民主义的传统。

19 世纪自由和建设性的英美自由主义，与启蒙运动时期绝对主义者破坏性的自由主义以及我们今天的自由党人之间的根本区别在于，前者是建构在宗教和基督教教义的基础上，后者则是建构在理性主义的基础上。真正的自由主义是出于宗教的原因而与理性主义脱离关系的。19 世纪英国自由党的组建在一定程度上是以 1688 年的和解传统为基础的，但更为主要的原因还在于"不信奉国教的新教徒的良心"。首先，反对克伦威尔时代的神权政治和中央集权的君主政体中的理性主义绝对主义，而重新确认自由。其次，源于 18 世纪的伟大宗教复兴，尤值一提的是卫斯理的循道公会和低教会的福音派。两者都直指当时的理性主义——循道公会反对启蒙运动，福音派的运动则反对边沁和古典经济学家的功利主义。

在美国，真正货真价实的"自由的"自由主义，同样可追溯到对唯理论绝对主义的宗教抗辩。最早进行抗辩的罗杰·威廉斯，曾以基督教自由的名义，抨击把经文学习称为绝对理性的新英格兰牧师们的理性主义的神权政治。而平民主义运动（不论其经济原因何在）则是直接依托福音派对理性主义功利主义和正统经济学家进行抗辩。它是对人类反对绝对理性专制的尊严的诉求，是对"经济必然前进"的祈祷。

即使是这种自由的自由主义，其政治意义上的效果也非常有限。它不能消除革命。它不能建构一种社会或政治生活的制度，因为它首先且充其量只是对各种制度的抗辩。它的首要功能是保护个人反对权威；它的基础是呼吁人类超越政治和社会、超越政府、超越社会功能和社会身份的兄弟情谊。因此，真正的自由主义，只有在功能性社会形成之后才有可能行之有效。但是，在这种种限制范围之内，自由主义既富于建设性，又能行之有效。

然而，今天这种真正"自由的"自由主义已经无处可寻——除了在美国和英国尚有一些零星分散的残余势力。我们今天所知道的"自由主义"，全部都是理性主义。但是，理性主义者不仅基本上都是极权主义者，而且也没有什么积极的建设意义。它在政治上必定会失败，而它的失败就是对自由的威胁，因为它的失败正是革命的极权主义的机会。

2

理性主义者的信条与自由并不相容，这个事实本身不能否认理性主义者或自由主义者个人的良好意愿或善意。无疑，理性主义的自由主义者个人真心相信自己而且只有他自己，才是支持自由和反对专制暴政的。同样毫无疑问的是，他主观上极其厌恶极权主义暴政及其所代表的一切。结果，他成了专制暴政的第一个牺牲品。

但是，理性主义者个人的这种反极权主义的情结，在政治上是完全解不开的。总的来说，理性主义缺乏采取积极政治行动的能力。它只能起"破"的作用，而永远不能"立"，不能由消极的批判，转向建设性的政策。它反对不自由的奴役制度，同样也一直彻底地反对自由制度。

理性主义的自由主义者将反抗所处时代的不公正、迷信和偏见视为己任。但是这种对不公正现象的反抗，只是其对所有社会制度，包括自由和公正的制度在内，作为一个整体来仇视的一部分。举例来说，启蒙主义者肃清了贵族特权、农奴制度和宗教偏执，同时也摧毁了地方自治和当地的自治政府，至今，整个欧洲大陆尚无一个国家真正从这次打击中彻底恢复过来。他们攻击了教会职权滥用、宗教特权和宗教压迫。他们将欧洲教会贬低为政府行政职能的羽翼。他们不遗余力地剥夺宗教界的社会自治和道德权威。启蒙运动将矛头直指独立法庭和普通法，对其完全持蔑视的态度。18世纪理性主义者对"理性完美"的法律和国家控制的法庭的坚持，直接导致了全能的极权国家。因此，19世纪"自由的"英美自由主义在很大程度上建立在启蒙主义者所摒弃的这些制度上，包括地方自治、宗教自治、普通法和独立的司法系统等，这绝非偶然。

　　理性主义者不仅毫无选择地反对和摧毁现存的一切制度，而且完全缺乏创建新制度以替代所摧毁的旧制度的能力。他们甚至看不到有建设性活动的需要。因为就他们而言，无恶即善。他们认为，只要驳斥了罪恶的奴役制度，他们的目的就达到了。然而，在政治和社会生活中，不能实现的制度就是没有效力的制度。社会必须在职权关系的基础上组织起来。破除旧制度的同时，必须能够建构更好的新制度，只有这样在政治上才是合法的。而如果只是"破"，不管破除的对象有多恶，也不是解决问题的办法。除非有一个更为可行的新制度能够取代被破除的旧制度，否则接下来旧社会的崩溃将滋生出比所摧毁的旧制度更大的"恶"。

　　理性主义者缺乏"立新"能力及其政治无能的后果，在美国南北战争前的南方表现得尤为显著。这不仅是因为遭到抨击和破坏的"恶"是奴隶制，是一切社会罪恶中最大的罪恶；还因为当时不能给南方一个替代旧社会的新社会制度，这种无能表现得最为惊人。而理性主义者在将犹太人从犹太定居点解散之后，却又无力帮助其融入社会，这正是现代反犹主义形成的一个重要原因。

　　理性主义的自由主义者不论是在何处掌权，其结局往往是以失败告终。德国社会民主党在 1918 年掌权后，在政治行动方面也同样毫无建树。在德国皇帝的统治下，他们曾经一直是值得称道的反对派。毫无疑问，他们的领袖都是真诚、可敬的人物，他们都是称职的行政管理人员，他们作为个人都是大无畏者，并深受民众的爱戴。不过，这里我们倒不是惊讶于他们的失败，而是惊讶于他们居然能够一直支撑到最后。直到 1922 年或者是 1923 年，他们才彻底崩溃。有类似遭遇的还有法国的激进党、意大利的自由党，或者西班牙的民主党。而美国的"改革"派也毫不例外地以失败而告终。美国各州政府的历史也向我们表明了这些本意善良的理性主义者在政治上的无效率。

我们不可能将所有这些有着惊人共性的失败遭遇，都归结为环境和偶然因素使然，其失败的真正原因乃是理性主义的自由主义本身性质所决定的政治无能。它始终处于一种自我矛盾状态。它的基础是两个自相排斥的原则。它只能"破"，不能"立"。

一方面，理性主义者相信有一个绝对理性存在。过去，他们坚信自发的社会进步或个人私利与共同幸福之间的全民和谐；现在，他们用性的本能、失败感和腺体分泌来解释个人或群体之间的各种冲突。另一方面，理性主义的自由主义相信，其种种绝对论，乃是逻辑演绎推理的结论，它可供证明并且在逻辑上是颠扑不破的。理性主义的自由主义的本质正在于此，它宣称其绝对论在理性上是显而易见的。

然而，绝对理性永远不可能是理性的，它永远不能用逻辑来证实或证伪。绝对理性的本质是先于理性并凌驾于理性论辩之上的。逻辑上的演绎推理能够且必须以绝对理性为基础，但是绝对理性却永远得不到证明。假如确实虔诚信奉绝对理性，那么绝对主义信条就是超理性的——真正形而上学的信条，它为理性逻辑提供有效的基础。而假如绝对理性是人为或自封的，那么绝对理性就必定是非理性的，且必定会与理性逻辑和理性方法发生不可调和的矛盾。

在过去150年间，所有理性主义的基本信条不仅都是非理性的，而且基本上都是反理性的。对于那些宣称人类具有理性天赋的启蒙主义者哲学理性主义来说是如此；对于1848年的功利主义理性主义来说亦如此，他们将个人的贪欲视为一种通过大自然的"无形之手"来提高社会共同利益的机制；对于 20 世纪那些将人视为由心理决定和生理决定的理性主义来说尤其如此。他们的所有信条不仅否定自由意志，而且否定人类理性。其中的每一个信条都只能诉诸武力或通过独裁者来转化为政治行动。

不过，对此理性主义者绝不会承认。他必定会坚持自己的信条是理性的，且能够通过理性的方法来实现。他必定会作为一种教义坚持自己的信条显然理性。因此，理性主义的自由主义者只能试图通过理性的转化（而这种企图注定要失败），才能将它们转化为政治行动。一方面，他不可能尊重任何反对派，因为反对派注定要反对绝对真理。另一方面，他又不能反戈一击，因为错误只能归结为信息匮乏——而对于理性主义者而言，对绝对真理的一切反对都必定是错误的。到目前为止，最能说明这个问题的是 20 年代和 30 年代初在欧洲和美国流传的一句话，即：智者必定靠左。而今天，信奉传道能够解决一切的信仰公然明确地表述了绝对主义的基础和理性主义信条的自相矛盾。

一方面，理性主义的自由主义者是不能妥协的。他们信奉完美主义的信条，而不容任何让步。在他们看来，任何拒绝领悟之人都是十足的无赖，不能与之有任何政治关系。另一方面，理性主义者不能制止或镇压敌人，也不能容忍他们的存在。因此，人只可能被误解或误导，而一旦理性真理证据不可辩驳地呈现在他们面前时，他们必然会看见理性。理性主义的自由主义者对阴谋家义愤填膺，对教育受误导者充满了热情。他们总是知道什么是正义、需要和好处——一切都非常简单。但是，他们只是从不曾有所作为，因为他们既不能向权力妥协，也不能为权力而斗争。他们的政治行动总是处于停滞状态：理论上大无畏，行动上谨小慎微，擅长"破"却不能"立"，理论上头头是道，在政治行动上却无所作为。

3

理性主义的自由主义者的悲剧在于，从他们的立场出发通向政治效率只有一条路，即极权主义。主观上他们对自由虔诚信奉，这在客观上只能导致专制政治。因为理性主义的自由主义者在政治上的无所作为只有一条出路：放弃理性主义，并且公开地转变成为极权主义、绝对主义和革命主义。

在启蒙运动中，卢梭从理性主义迈出了关键的一步，他将理性主义称为公开的非理性和反理性的极权主义。无须任何伪装，"人民公意"在理性意义上就是确知或可行的。蔑视理性分析并游离于理性认识之外的人，毫无疑问就是非理性的绝对主义。理性确实存在——但是，其存在的形式、地点和原因无人可知。由于理性是完美而绝对的，因此理性必胜也就是非常自然的事。无论谁掌握了理性，理解了社会的最高意志，他就有资格且有义务将理性一视同仁地强加给社会多数人、少数人或单个人。自由仅仅存在于"人民公意"的完美实现当中。卢梭的个人理性或者个人自由未做任何伪装。

卢梭确实坚持把具有直接的、非代议制民主的小城邦作为政府唯一的完美形式。他赋予个人一项可在意见不一致时脱离原属社会的权利，这项权利神圣不可侵犯。这曾经是表明卢梭向往个人自由的一个标记。但是在一个根本没有任何实现可能的社会里，比如说18世纪中叶，我们只能把它看作一种在无比现实和不浪漫的极权主义条件下的浪漫雕饰。否则，希特勒"授权"犹太人移民出境的举措也可以称为"自由"。

卢梭投身对非理性绝对主义的分析，使得启蒙运动的基本概念在政

治上取得了效果。卢梭是对的，他看到对理性主义的摒弃使得他的体系
与其他哲学家有了根本的区别。他公开自己的非理性主义观点，这使得
他可以摆脱种种宣判百科全书派政治无效率的负担。百科全书派信奉教
育和科学研究等缓慢而痛苦的理性化过程，而卢梭则相信神对人类灵魂
的天启。他们企图将人在物理学法则之内进行定义，而卢梭则认为人是
政治人，其行动受冲动和情感所左右。他们信奉理性渐进改良的作用，
而卢梭则相信千年太平盛世是能够而且应该以最不理性的方式——革命
建立起来的。无疑，他对政治和社会的了解比全部启蒙主义者的加总还
要多。他对于社会中人的看法是现实主义的，而理性主义的启蒙主义者
却是可悲无助的浪漫主义。

　　事实上，打蛇打七寸，只有攻击卢梭的理论基础方能击中其要害，
卢梭的理论基础是他对人为的绝对理性的信奉，他本人坚持绝对理性，
认为无论是谁，只要拥有绝对理性，就有权利和义务将之强加给其他人。

　　因为卢梭摒弃了启蒙运动的理性主义，所以他拥有一种伟大的政治
力量，直至我们这个时代他依然熠熠生辉。因为他保留了启蒙主义者关
于人类能臻于完美的信念，所以他否定了人类自由，并成为伟大的极权
主义者和革命家，点燃了全人类革命烈火的导火索，而这种革命烈火之
熊熊光辉只有我们这一代人所经历过的才能与之媲美。

　　哥伦比亚大学的雅克·巴赞先生曾在其著作中，卓有见地地描述了
19 世纪早期的绝对主义者的经济决定论，是如何转化为 19 世纪末的生
物决定论的。他并没有说明生物决定论是如何发展成为一种理性主义信
条，也没有说明心理决定论对生物决定论的补充，当然这些其实并不在
他设定的研究范围之内。纳粹主义的根源在于达尔文始创的生物决定论。

而希特勒主义的内容及其政治体系，也只有借助于对这一新理论（也是目前为止结论性的一个理论）"人为绝对"的哲学和政治发展，才能够得以理解。

就此而论，令我们感兴趣的并不是进化论或神经官能理论，而是从这些理论发展而来的哲学。这些理论表现为下面的一些流行说法，如"人类行为由腺体分泌所决定"和"一个人童年时所受的挫折决定他的一生"等。无疑，这两句话都非常正确。同样正确的类似说法还有，经济利益、教育程度、领悟能力、社会地位、宗教信仰或外貌外形决定一个人的一生。这些说法中的每一种无疑都是不容置疑的，不过每一种说法本身又毫无意义。但是，在从《物种起源》一书出版到第一次世界大战（1914~1918年）的60年间，用生理学和心理学意义上的人进行解释的做法已逐步开始作为欧洲理性主义的自由主义的基础。一方面是人种改良学派，另一方面是行为主义者（这里仅提极端分子），他们主张不管是从生理学还是从心理学上来说，人都是可趋于完美的。

到了1900年，心理决定论的信仰开始流行起来，并且已逐步取代陈腐过时的经济决定论。这一新信仰的伟大普及者是萧伯纳，其剧本《康迪塔》里预见到了阿德勒和荣格的所有理论；《回归玛士撒拉》一书则蕴涵了大量的希特勒思想。与此同时，在政治和社会领域，这种变化开始初露端倪——这种变化表现为在法国、奥地利和俄国突然爆发的反犹太主义，还表现为广告、公关人员和宣传性报纸的发展上。

启蒙主义者曾设法通过教育来组织管理，功利主义者曾设法通过建立自由贸易和证券交易所来组织管理，而新理性主义者则设法通过种族或"同族"这个基础来进行组织，通过宣传和现代心理学的其他方法来进行管理。像他们的理性主义前辈一样，他们对于人类天性有一个绝对的概念。他们把人看作由基因、染色体和腺体构成的生物，认为可测定的心理经验将形成和塑造人。因此，他们也相信人类的完美无缺，或至少是能够趋于完美。他们称颂那些理解和掌握了人类繁衍生息和心理分析知识的人的绝对理性。如此种种非理性（比自从启蒙运动以来的任何人为的绝对概念也许都更非理性，而且肯定更反理性）都被认为能够通过"科学"来证明，或通过理性的手段来获得，因此都是"客观真理"。

未等这种新的理性主义充分发展成为一支成熟的政治力量，第一次世界大战就使其遭到致命打击。战争是不可能靠心理学家或者任何真正的自由主义理性主义的"理性"来理解的。在战后的 10 年间，战争更加像真正的战争了。在新理性主义的这一场危机中，纳粹主义向能用以解释现实的、全面的且政治上行之有效的极权主义，迈出了关键性的一步。纳粹主义继承了新理性主义关于人的生物决定论和心理分析解释，并将它们确定为非理性的绝对。与此同时，他们还宣称，那些懂得"种族"和"宣传"的人是完美无缺的，他们有资格拥有绝对的、不容置疑的政治领导权和控制权。

希特勒把理性主义的自由主义转变为极权主义，与其前辈卢梭的做法的重大不同之处，就在于公开选拔了一个统治者置于有组织的社会之上。当然，纳粹主义下的很多个人都被非个人化到了失去自我的地步，不过卢梭的极权主义情况亦如此。但是在希特勒的体系下，有一个人被提升到高于其他任何人并处于整个社会之上，他就是——领袖。实际上，这样一个个人独裁者在卢梭的理论中也是不可避免的，关于这点在法国革命中已经表现得相当清楚。然而，只有纳粹的革命承认这一点。纳粹将其必要条件（即有一个完美无缺的领袖）作为其最重要的政治资产。而卢梭只是鼓吹革命。领袖的存在使得希特勒能够达到自己的目的。从政治上说，希特勒的极权主义是最有效也是最彻底的极权主义，其哲学和政治结论，都是由其关于人的完美无缺和可趋于完美的绝对主义假设中，最广泛且最严谨地得出。

希特勒主义的现实理论基础及此前的极权主义，是理性主义的自由主义者所提供的。这种理论在此前的两次应用中都取得了巨大的成功。希特勒添加的是一种道德犬儒主义，这在卢梭时代是不可能的，而在一个心理学教导人类没有道德核心的时代里，却被证明是可能的，甚至是能够被广泛接受的。作为纳粹主义元首，希特勒所获得的惊人力量，得感谢那些心理分析学家和个性心理学家。

小结：在启蒙运动濒临瓦解失败的威胁之时，卢梭用非理性的，甚至是神秘的"人民公意"，取代了其理性主义的可趋于完美学说。拿破仑之后理性主义者的功利主义及正统经济学家，在1848年夭折的革命中分崩瓦解。而在世界大战和大萧条的冲击下，当现代科学的、达尔文的、弗洛伊德的以及行为主义者的理性主义心理决定论失败以后，希特勒宣告了其种族和宣传的非理性主义生物学家和心理学家的原则。

任何极权主义者都不曾改变过其理论基础。卢梭保留了启蒙运动关于人类天性和社会性质的全部信念。与生物学家们和心理学家们一道，希特勒断言，人从根本上说是腺体，是遗传，是神经感觉。任何一个革命家都无须为其时代的理性主义基本信念施加任何东西。他们所要做的只是改变绝对真理，从理性主义出发推导出一种非理性的伪宗教原则。

卢梭宣称"人民公意"终将表现自己的权威，其原因仅仅在于"人民公意"在理性上无法推导。希特勒提出纯日耳曼民族的太平盛世，其原因仅仅是因为过去一直由"杂交人种"主宰。极权主义信条之所以能够对那些已从理性主义醒悟的人民有号召力，得归功于这些非理性的绝对观念；其革命性的力量及煽动的狂热，得归功于这些非理性的绝对观念；其绝对否定一切自由，声称完美的独裁者必然出现，也得归功于这些非理性的绝对观念。

这一分析的结论便是理性主义的自由主义者不可能有效地打击极权主义。理性主义的自由主义者只能在其鼻祖苏格拉底的位置上停滞不前。正如这位基督降生前最伟大最睿智的思想家一样，理性主义的自由主义认为人类必然能够辨明何为善。像苏格拉底一样，理性主义的自由主义也认为善能够理性地传承，而懂得了何为善也就是善。换句话说，理性主义的自由主义者始终清楚何为善，他们树立了一个不容置疑的绝对物。通过否定恶存在的可能性（因为一个人之所以会犯错只可能是因为缺乏信息，但一个人绝不可能为恶），他们就否定了责任，而否定责任做选择就毫无意义，从而也就不可能有自由。然而，像苏格拉底一样，理性主义的自由主义者永远不能将这一信念付诸政治行动，因为他们相信极权主义是理性的。理性主义的自由主义者想当然地以为存在即有效，而认为自己无须任何权力组织，也无须以任何制度的形式来实现。基于自由主义，所能做的一件事也是唯一的一件事就是批判过去。

自由主义衰败之时，正是极权主义出现之日。极权主义的出现正是自由主义失败的直接后果。毫无疑问，理性主义者个人发自内心地憎恨他所处的那个时代的极权主义；毫无疑问，他们想做出反击。但是，他们不可能真正地进行反击。因为极权主义者所做的，只是理性主义者在其哲学信仰基础之上本该做的事。假如苏格拉底真相信那个神谕，认为自己就是全希腊最有智慧的人（他的行为无疑要基于这个前提假设，即他是希腊唯一的智慧人），那么他就有道德义务充当希腊的专制统治者。他未能那样做，是因为他认为自己的智慧是理性的，可以不用政治手段就能行之有效。因此，他不仅听任自己在政治上无所作为，还为真正的极权主义铺平了道路。30 位暴君接受了苏格拉底的大部分理论，但舍弃了其理性主义立场。因此，他们能宣称，他们所做的一切都是善，因为他们本身就是善。

可以肯定的是，苏格拉底一定会激烈地反对他们的这种做法。如果这样的话，即便他没有在早些时候被传统主义的极端保守分子和相对主义的无政府主义者组成的联盟杀掉，30 位暴君也终将（或至少是很可能）被迫杀死苏格拉底，这种情况在革命的前夜非常普遍。但是，尽管苏格拉底主观上反对极权主义的专制统治，他的反对也一定是软弱无力的。30 位暴君将苏格拉底所教授的哲学性内容在政治上加以应用：拥有智慧的人拥有至尊。不论人们对苏格拉底的指责如何不准确，但在下面这点上人们无疑是正确的：苏格拉底之所以可能成为极权主义的暴君之父，乃是因为他是一个理性主义的自由主义者。

用我们今天的话来说，就是这个意思——我们不能指望理性主义的自由主义者对我们今天的法西斯极权主义做出任何有效的政治或哲学上的反抗。毫无疑问，英、法、德的社会主义者以及美国的激进分子，其反对希特勒主义之心都是至真至诚的，其道德高尚是毋庸置疑的。我们并不是说作为一名战士，理性主义的自由主义者不很得力，因为在战壕里战斗的只有理性主义的自由主义者个人的信念。我们分析所得出的唯一结论只能是：不论理性主义的自由主义者反对极权主义法西斯主义多么真诚，也不能指望其发展出一个能取代极权主义奴役的自由制度来。理性主义的自由主义者不可能为建立自由的工业社会提供任何解决办法，他们也不可能克服自己极权主义的原则，尽管攻击这个原则有可能把极权主义的独裁者打败。

有意思的是，在美国，曾经的自由主义者——那些半社会主义的设计师们，现在正逐渐被人们称为"极权主义自由主义者"。对希特勒关于宣传决定个人信仰问题的回答，他们只是用"好的宣传"来进行还击，即用他们自己的宣传去取代希特勒的"坏的宣传"。但是，理性主义的自由主义者不承认宣传能创造并决定思想和忠诚，这种说法本身就是对自由的否定。他们拒绝承认，宣传是一种伪宗教，它把人设想成受收音机中的悦耳声音的左右和奴役。他们不理解，只要认为宣传塑造人，宣传到底是"好的宣传"还是"坏的宣传"其实并不重要。因为理性主义的自由主义者与希特勒一样，深信人是由心理决定的。

实际上，不论理性主义的自由主义是多么虔诚地反对革命极权主义，他们都只能增添革命极权主义的力量。他们的反对在政治上是毫无作用的。但是他们潜在的专制主义，为人们接受革命极权主义政治得力的专制主义做好了准备。

1776 年的保守主义反革命

1

    认为启蒙运动开创了 19 世纪自由先河的看法，是一种流行的谬误。与之同样流行也同样为谬误的一种看法是，认为美国革命的道德标准基础与法国革命相同，认为美国革命实际上是法国革命的先驱。美国和欧洲的所有历史书上都是这么说的，而且参与过美国革命和法国革命的一些要员中也不乏持此见解者。然而，这种看法显然是对事实的全盘曲解。

    美国革命的道德标准基础，与启蒙运动和法国革命截然相反。在意图和效果上，它是一次成功的对抗，目的是反对为法国革命提供政治基础的启蒙运动的理性主义专制政治。尽管法国革命在发生的时间上要更晚一些，但是在政治上和哲学上美国革命都走在了前面。1776 年和 1787 年的美国保守派与法国革命思想相对抗并取得了胜利，故美国革命实际上代表的是比三级会议、恐怖时期和拿破仑时代，都要进步的一个历史阶段。美国革命远不只是一次反抗封建旧专制的起义，更是保守派以自由的名义发起的反对理性主义自由主义新专制和启蒙运动专制政治的一场保守主义反革命。

启蒙运动的自由主义极权主义和法国革命的革命极权主义只能摧毁"旧制度"。它们充其量只能在其原有的在绝望中瓦解的前重商主义社会，安排一个功能完备但专制的重商主义社会以取而代之。但即便是这一点也十分令人怀疑，因为用罗伯斯庇尔的"永久革命"和拿破仑的"永久战争"作为一个功能性社会的基础，很难说就比希特勒的信条更为成功。然而，美国革命的确成功地构建了一个不仅功能完备，而且自由的社会。

即使在受到保守派的美国反革命力量打击之后，法国革命的道德标准——1789 年的思想，仍继续倾向于专制。这些道德标准为后来所有的极权主义哲学提供了思想模式和心理模式。从 19 世纪一直到今天，西方世界的自由观念都是以 1776 年美国保守主义反革命的观念、道德标准和制度为基础的。

关于美国革命的性质和影响，这种普遍的谬论曾在很大程度上"归功于"传统分割式的历史创作手法，它在美洲历史和欧洲历史之间横加了一堵几乎滴水不漏的隔墙。结果，美国革命就被处理为美国本国或者主要是对美国本国有重要影响的事件，其动机、论点和影响，均被局限于美洲大陆之内。1776 年的革命以及 1787 年的宪法在西方世界总体发展过程中的地位和作用，几乎从未得到过很好的关注。这不仅是对欧洲历史的歪曲，也是对美国历史的歪曲。

实际上，美国革命不仅是一个美国本土的事件，同样也是一个欧洲的事件。甚至可以说，它作为一个欧洲事件，比作为美国本土的一次革命还重要——如果历史事件的重要性是由其带来的新生事物和意外因素的范围来测定的话。按照历史发展的正常规律，13 个殖民地迟早会独立并组建为一个国家。英国的一些杰出人士，尤其是伯克，完全意识到，这些殖民地已经成长壮大而不再依附于英国。美国革命只是美国独立这个可预见且已预见到的事件所发生的一个具体时点。尽管革命发生的具体形式正如每一次历史事件一样都有自己的独特性，但革命却是自然的、符合逻辑的发展。即便英国殖民政策的冲突没有最终激发美国革命，总会有其他事件来充当这个导火线——最迟，你可能会想到，待铁路建成，美国也就实质上独立了。

英国只要一给予这些殖民地军事自治权，让殖民地本地人指挥和领导军队，那么全面自治就在预料之中。法英七年战争最终几乎不可避免地要引发美国的独立战争。这场战争在美国历史上具有与独立宣言一样的重要性，对此应该有一个充分的认识。在英法战争中担任独立指挥的民兵军官乔治·华盛顿，后来成为美国军事总司令，这都是瓜熟蒂落水到渠成之事。

但是，如果作为一个欧洲事件，那么美国革命则是无法预见且也未曾预见到的。美国革命首先发端于英国，然后波及欧洲其他地方——它逆转了一个似乎是不可避免、自然而然且不可改变的趋势。它挫败了理性主义的自由主义者及其信徒，即那些看似攻无不克、战无不胜且距离最终彻底胜利仅一步之遥的开明暴君。美国革命为反中央集权、反极权主义的保守主义者带来了胜利的果实和政治权力，而这些反对极权主义和中央集权政府，质疑自命完美的统治者的保守主义者，在欧洲几乎是一败涂地，并似乎很快要退出历史舞台。美国革命将自治普通法从完美法典的掩盖之下拯救出来，重建了独立法庭。更为重要的是，它再次主张人的不完美性信仰应作为自由的基础。

假如没有美国对开明专制主义的反抗，那么 19 世纪的欧洲很难说会有任何自由可言。假如美国革命在理性主义者和中央集权的英皇军队面前以失败告终，那么结局亦当如此。这样的话，英国对法国革命也就很难有什么有效的抵抗，也就很可能难于做到举国上下众志成城与咄咄逼人的拿破仑极权主义一分高下。更为重要的是，对于 19 世纪的欧洲，著名的英国宪法也就很难幸免于难，很难成为自由的象征，成为成功抵抗绝对极权暴政的象征。

地广人稀且地处边陲的美洲殖民地取得独立一事本身，对于 18 世纪末和 19 世纪前叶的西方世界来说，并没有显示出什么卓绝的重要性。但是，就其对欧洲的影响而言——就其打败了以乔治三世为代表的启蒙运动而言；就其对于非启蒙主义的自由保守主义人物伯克在英国出现，反对一切外在比例、概率或可预见性的基础而言，美国革命乃是 19 世纪具有决定性意义的历史事件。它是 19 世纪自由的重商主义社会的发祥地。

需要澄清一个误解：这里并不是说伯克的观点或思想源于阅读《联邦党人》的文章或聆听富兰克林博士的讲话——就像杰斐逊、麦迪逊或汉密尔顿的观念也不是来自于伯克或布莱克斯通一样。他们很可能是各自独立思考，尽管他们的思想有着共同的渊源。而这些美国革命的政治思想家是否知道伯克的演讲或者伯克是否知道他们的文章，这些都不重要。真正重要的是，美国革命的成功挫败了英国国王，进而挫败了整个启蒙运动。没有这一成功，伯克和那场保守主义反革命就不可能掌权。

伯克的观点以及开国元勋们的那些观点，都是旧观点，是一切英国和欧洲传统的共通之处。欧洲大陆的许多政治活动家和作家都持此观点。但是，美国革命将这些思想付诸政治运动。美国革命找到了实现这些思想的制度基础。它把形而上学的思考转变成了具体的、负责任的决定。

19世纪的欧洲，忘记了自己的自由得归功于美国反革命的道德准则，忘记了自由与道德准则之间有什么关系，其政治讨论变得越来越局限于偶然事件和细枝末节。直到上次战争——甚至在上次战争结束之后，越来越多的倾向认为自由和自由社会等同于技术的精益求精。假如有人仅仅通过阅读政治文章来推断1776～1930年西方社会的发展，他必然会得出结论说，自由和社会遭遇到了一场突如其来的浩劫——突然跌入了亚里士多德以前的野蛮状态。在政治思想史上，伯克、卢梭、杰斐逊、汉密尔顿、麦迪逊、赫尔德等一代政治大家博大精深的智慧和学识，陡然降为具有维多利亚时代后期特征的政治思想家和作家的平庸、浅薄和无知。这一变化来得如此彻底、突然且令人瞠目，几乎是史无前例。从麦迪逊到格兰特将军、马克·汉纳、威廉·杰宁斯·布赖恩，从伯克到格莱斯通或者约瑟夫·张伯伦，从赫尔德到特赖奇克或者1890年的德国社会民主党人，他们之间的差距之大难以估量。

政治思想水平的后退，也许反过来更好地印证了开国元勋们的功业。因为对于这种后退，可以这样来解释，1776年的那一代人已经盖好了一座宏伟的理论大厦，以至于其信徒们得以坐享其成，舍本逐末，而将精力仅仅放在这座理论大厦的内部装饰上面。而今天，我们必须重新思考最初的这些原则。

美国保守派的革命击败法国革命乃是 19 世纪欧洲全部自由的基础，这并不是什么新的论断。就欧洲而言，保守派的革命发生在英国，这也不是什么新的发现。英国找到了这条"出路"，这本是 1850 年以前欧洲政治思想界的陈词滥调，就像后来把 19 世纪的全部自由追溯到法国革命一样毫不稀奇。但是，英国究竟如何击败法国革命呢？是什么使它能够顶得住法国革命的巨大影响，同时又在不发生国内战争和社会动荡的情况下发展成为一个自由的重商主义社会，是什么使得它没有发展成为法国革命式的或拿破仑式的专制主义？对于这些问题，传统上的解释都是将其归因于英国人的种族特点、英吉利海峡或者英国宪法。但是，这三者都差强人意。

在这些传统的解释中，最容易排除的是种族特点论的解释。将历史发展归因于国民的种族特点或者民族性格，就等同于承认自己无法给出解释。种族和民族性格这种东西确实存在，但是它无法用来解释这个问题，原因就在于它是无法定义的，而且我们也不能认为它就是一成不变的。到底是内维尔·张伯伦还是温斯顿·丘吉尔更能代表英国人的国民性，这不仅是一个毫无意义的问题，而且是一个愚蠢的问题。与 1688 年的和解所体现的智慧和稳健相比，克伦威尔的极权主义专制政治是否更多或更少地体现了英国人的性格？到底是亨利八世的迷信神祇，还是托马斯·莫尔的理智虔敬，更能代表英国人的性格？所有这些人物和事件都是非常英式的，它们所表现的特征、情感和态度在今天依然与以往一样活跃。如果说英国人擅长背水一战乃是其民族性格，此话也许一点不假，且无论如何都非常有意义。但是，如果说议会制或自由贸易与英国的国民性格，或任何别国的国民性格是内在一致的，那就令人费解了。

还有，如果说英国人"骨子里"都反对革命，是因为他们"骨子里"都是安分守法者，因为他们"骨子里"都相信渐进变革，这种说法公然违背了客观历史事实。在法国革命之前，任何一个欧洲国家都不曾有过像英国一样血腥、革命和激进的历史。

而那种说 30 英里宽的海峡令英国幸免于革命的机械论解释，倒更有一些道理。英吉利海峡无疑阻碍了法国军队对英国的进犯，这是一个客观存在的现实条件。如果没有这一条件，英国就难以取得现在的成功。英吉利海峡之于英国，确实是其革命成功的一个条件——就像自恺撒以来，英吉利海峡一直是维系英国政治地位的一个条件一样。但是，英吉利海峡的存在本身并不能创造出一个自由的重商主义社会的新制度。

同样，一部英国宪法也只是革命取得成功的一个必要条件，而非充分条件。确实，19 世纪所规定的各项自由权力，在 1688 年王位继承法的基础之上，经过洛克梳理并成文，形成辉格党的宪法原则，再通过普通法和大法官柯克，最终形成了《大宪章》。但是，宪法的这些原则并不专属于英国，而是整个欧洲的共同财富，是 13 世纪到 17 世纪宪制发展的结果。在每一个主要欧洲国家，其宪制史上都有与《大宪章》对等的内容。1688 年之前，英国议会与法国的三级会议、西班牙的议会、德国的国会和立法议会，都没有什么大不相同之处。普通法、独立法庭、城市议会特权和英国自由权力的其他各项传统，在大陆法上都有着对等的内容。在 1550 年或 1600 年，低地国家、勃艮第以及德意志西南部，在政治自由和宪制政府的道路上实际比同时代的英国都铎王朝走得更远，而当时都铎王朝颠覆英国宪法的企图险些获得成功。

如果说英国的历史有何独具的特点，那么我们就一定得从 1688 年以后开始说起。因为一直到斯图亚特王朝，英国的发展都是与大陆的发展并行的。虽然英国避开了 30 年战争（这场战争摧毁了大陆上旧有的自由宪法），但是克伦威尔、英联邦以及王政复辟，都未有任何新的发展方向，而最终似乎还是朝着大陆的黎塞留、马萨林或勃兰登堡普鲁士的大选帝侯统治下所选择的方向发展。然而，1688 年的王位继承法不仅是与大陆发展方向的彻底决裂，而且是英国宪法在非绝对主义原则基础上的一次重建。

今天几乎无人意识到的是，之后的 80 年间，这一宪法差不多就没保留什么内容了，而英国也似乎要变为像其他那些欧洲国家一样的开明专制政体了。在美国革命的前夜，议会作为一个政体机构几乎停止发挥作用。皇家任命的议员已拥有了下议院的固定多数席位。国王及其大臣们几乎与法国国王一样有着至高无上的权力。行政管理权都已集中在国王的内阁手中——内阁由国王任命且只向国王本人负责。政治几乎成为钩心斗角的同义词。普通法依然存在，但是在法国和德国，它一样也存在。而且，同样的力量在起着同样的作用。在大陆，这支势力差不多要在一代人的时间里导致理性主义的一统天下。1776 年英国政坛上的璀璨之星不是伯克，不是彼特，不是布莱克斯通，甚至也不是亚当·斯密，而是一切自由主义极权主义者中最危险的人物杰里米·边沁，正是他千方百计搜肠刮肚地设计种种为改善世界而奴役世界的方案。绝非偶然的是，边沁曾用一套模范监狱的方案来阐释他的社会理论：在一个模范监狱中，一个人可以随时观察到 1 000 名囚徒的最细微的动作，并能控制他们最细微的行为。真正"进步"和"科学"的正是边沁，而不是那些固守 1688 年各项原则，满脑子过时的折中和分权观念的虔诚信徒。

也许这么说听起来像是夸大其词，那么就让我们看看英国反对绝对主义的力量是多么软弱吧。我们知道，美洲殖民者在萨拉托加和约克顿挫败了启蒙运动（以乔治三世为代表的启蒙运动），此后10年中英国的"老辉格党"已寥寥无几。在法国革命刚开始的时候，伯克在亲雅各宾派和试图掌握皇权极权的皇室派之间完全是孤立无援的。此前的10年，保守派的力量甚至还要更为弱小，他们既反对王室专制，又反对蛊惑人心的政客专制。此时的伯克，正当年少，还是一名默默无闻的政治学家；年事已高的皮特既无权又失势；而布莱克斯通则是一名普通法的教师。此外，就只有极端保守分子和自由派极权主义者——二者都同样反对英国宪法和英国自由。如果没有美国革命，伯克很难获得比德国的赫尔德和莫哲更高的成就。赫尔德和莫哲尽管与伯克同处一个时代，具有相同的思想，却未能为德国找到一个保守的、自由的社会。甚至，伯克还很可能会像费奈隆一样落魄失意；费奈隆在50年前曾以旧基督教的自由为名，设法阻止法国的王室专政。

美国革命是一个标志着绝对主义和理性主义潮流逆转的事件。1776年之前的英国社会，即1688年的英国社会，正在迅速解体。由贺加斯刻画、劳伦斯·斯特恩描绘、斯威夫特和约翰逊博士严厉抨击的那个社会，并不是一个健康的社会，也很难说得上是一个功能性社会。确实，在大陆上有农奴，而在英国没有。但是，英国却有着一支被剥夺得一无所有的劳动大军：圈地运动的受害者、早期工业化的受害者、高额租金和城市贫困的受害者。伦敦贫民窟狭街陋巷里充斥的苦难与堕落，曼彻斯特童工的惨状，在大陆上都无处找寻。确实，那个时代英国最流行的经济学家和政治作家之一亚瑟·杨就确信（很可能他是对的）即使是法国不堪封建主义重负的农民，也要比英国小土地所有者和无地劳动者富裕得多。

1770 年前后，英国到处都是赤裸裸的腐败景象：不得人心的王朝通过贿赂和庇护来攫取权力，唯利是图的贵族乐于甚至热衷于被收买，中产阶级心怀敌意，农民意气消沉甚至绝望。100 年之后的历史学家出奇容易地看到，正是在这个社会，英国强大而自由的 19 世纪在其中孕育萌芽。但是，当时的人们所看到的却只是一个两难抉择：革命的灾难还是王室的开明绝对主义。

永远无法得到证实的是，乔治三世及其谋臣们到底是否愿意与 13 个殖民地发生冲突，并将其看作在英国实行开明专政的一条最便利的途径。伯克显然认为他们是愿意这样做的。但是，以常理推之，他们不太可能如此深思熟虑和老谋深算。很可能他们根本就没有什么计划；愚蠢、糊涂、贪婪、缺乏判断力以至于毫无任何计划，这在政治上更为常见，超人的共谋和政坛高手的精密盘算，除了在历史小说里出现以外很少见到。然而，乔治三世和诺思勋爵显然都不是什么超人或政坛高手。

然而，假如国王及其谋臣们有意地企图将开明的专制主义强加给英格兰的话，那么先加之于美洲可能是他们所能想到的最好做法了。打击那些殖民地的英国人的自由权力，肯定会在国内受到欢迎，因为那些殖民者在国内是不受欢迎和被人妒忌的。13 个殖民地的法律地位也足够含糊，对它们的攻击完全可加之以神圣合法的外衣，而令它们的合法抵抗显得更像是叛乱。殖民地尚很弱小，也未曾联合起来过，相互之间又被没有通路的废墟所分隔开，而且有着不同的社会结构和政治信仰。因此，一旦在这些殖民地强制实施中央集权的王室绝对统治，中央政府的地位就会变得十分巩固，其资源将异常丰富，其威望之高将足以遏制国内的任何抵抗。

毫无疑问，历史的判断是正确的，乔治三世和诺思勋爵这两个人都是目光短浅和自私自利的机会主义者。不过即使是最权谋、最诡诈、最敏锐的政治天才，在企图把专制制度强加于英国人民之时，也不会有不同的做法。因为建立一个中央集权的绝对主义的王室政府来统治 13 个殖民地，就会削弱不列颠群岛上反极权主义的反对势力，以至于很难想到它如何还能得以维持。而殖民地居民得以成功抵抗那个时代最为强大的军事和海事帝国，在当时看来几乎是不可能的，并且无疑也是完全出乎意料的。

实际上，正是王室计划的破产，挫败了英国的绝对主义。1770 年，英格兰的各项事业都在朝着开明的专政方向急速发展。1780 年，反极权主义势力执掌了大权。国王失去了获得绝对权力的机会，而永远不能再重新获得。而国王的革命派竞争对手——卢梭式极权主义者，本想建立他们的专制统治、他们的绝对主义、他们的中央集权政府，以取代王室的专制统治和王室的中央集权政府，结果也被淘汰出局。国王的绝对主义、平民的绝对主义，二者均未能幸存。

获得被统治者的承认是政府权力约束的基础，这个原则不仅在美国奉行，在英格兰也同样取得了胜利。新宪法其实并非只是试图恢复 1688 年的议会原则，那时被统治者的承认实质上只是用来作为避免内战的权宜之计。而撰写光荣革命宪法的那些机会主义者，其所有的精力和智慧都用在如何避免冲突和减少阻力。在这个框架之下，受限制的政府不仅几乎在实践中被完全废弃，在理论上也几乎已经放弃，而且到了 1770 年，越来越多的人认为它"不科学""有违天性"且与哲学和逻辑"格格不入"。在殖民地居民成功抵抗了王室专制统治之后,以皮特和伯克等人为代表,它们又重新粉墨登场。在新的形式之下,它依托的是自由的基本原则。

19 世纪英格兰的政治体制中的每一项自由制度,实际上都可以追溯到"老辉格党人"的短暂任期内,他们的上台源于他们反对与 13 个殖民地发动战争。他们引入了各部大臣向议会负责的制度和内阁制度。他们建立了现代党派制度和文官制度。此外,他们还明确了国王与议会之间的关系。1790 年的英格兰并不是一个非常健康的社会,自然也并非一个理想的社会。但是,它却为一个新的自由社会建立起了基本的框架,而这一框架就是"老辉格党人"的那些原则。"老辉格党人"在美国革命前几乎灭绝,而殖民地居民的成功抵抗不仅使他们呈燎原之势,还把他们推向了权力。

1776 年相关思想和原则的关键影响,通过英国与欧洲大陆的对比分析可看得最清楚。在 19 世纪的英国,自由党人和保守党人均以相同的自由社会的原则作为各自的基础。他们之间的冲突是在对自由的限制上,而不是对自由本身。他们之间的冲突仍然是"权威主义"与"个人主义"之间的古老矛盾,而不是关于自由本身的实质或意义的冲突。

大陆上,自称"自由党"的党是理性主义和绝对主义的,它彻底地反对任何真正的自由。而所谓的保守党,同样也是理性主义者和绝对主义者,虽然他们的理性主义是极端保守的理性主义。19 世纪大陆上的自由党是法国革命的产物,而保守党则实际上是从开明专制主义时期遗留下来的遗老,是昨天的理性主义极权主义者。

欧洲大陆在 19 世纪有过一次真正的保守主义运动,这次运动的思想基础与美国的开国元勋们和伯克所利用并取得胜利的思想相一致。而在欧洲，对应于这个思想的是浪漫主义运动，其最杰出的代表，尤其是1820年法国伟大的政治浪漫主义者，其洞察力和深邃的程度，完全可以与美国作家最优秀的作品相媲美。浪漫主义运动对艺术和科学都有巨大的影响，它可以说是一切比较科学和一切生物科学之父，然而在政治上它却毫无建树。它只能将其关于自由的思想追溯到中世纪的浪漫幻境中反映，却不能够创造一个功能性的自由的19世纪社会，因为它处于相互对立的激进理性主义绝对主义和极端保守的理性主义绝对主义二者的夹击之中。

不论19世纪欧洲大陆所享有的是什么样的自由权力，它都是以上两种对立的绝对主义信条中没有任何一种能够建立起专政的结果。自由不是彼此接受的基础，它只是两支势均力敌但又同样绝对主义的敌对势力之间军事对抗所产生的非本质属性的副产品而已。在英国和美国，自由则是其要旨，是党派斗争的基础。在大陆上，自由是否定式的——即没有党派专制。自由之所以存在，只是因为双方都比较钟情于自由，而不满意对方。

任何一个主要大陆国家的历史都能证实这一观点，而法国历史由于其更为引人入胜，因而最具说服性。那些不理解维希政府的法国人，往往是忘记了在1789年之后的100多年历史中，法国是欧洲最不稳定的国家，不是在准备革命，就是处于暂时喘息状态，而这种革命总是一个绝对主义派别企图镇压另一个绝对主义派别以建立自己的专制统治。只有在介于这些革命之间或革命双方都疲于作战，或双方势均力敌的时候，法国才不仅有和平，而且有自由。这些动乱中有暴力动乱：1848年的动乱。此外，下面四个事件也阻碍了内战的顺利结束：拿破仑三世的政变、麦克马洪元帅复辟君主政体阴谋的流产、布朗热将军阴谋建立个人军事独裁，最后就是德雷福斯事件。正是在右翼绝对主义者做最后一次尝试之后（差一点因左翼的抵抗而破坏），法国政府的紧急内战政治或真实内战政治才画上句号。它雄辩地证明了一点，即任何一方都不能从中胜出。"德雷福斯的护卫者"们（具有激进道德心的保守人士，这样的称谓并非不合时宜）才真正接受并希冀自由。他们做到的只是在势不两立的对立阵营之间达成休战，这点在最后的几年表现得尤为鲜明。

2

1776 年和 1787 年所取得的成就往往被人们，尤其是美国人，片面地认为是法律方面的成就。而美国宪法的阐述、英国宪法的恢复和重现青春，确实也是保守主义反革命所取得的最为人称道的伟大丰碑。但是，同时它也为此后 100 年法律之外、宪法之外的种种制度的产生和发展奠定了基础。它给出了构成制度基础的原则、制度的指向以及制度所试图达到的目标。在实际政治生活和社会生活中，这些法律之外、宪法之外的制度，至少与宪法本身一样重要。

宪法是一个框架，是法律的一个骨架，仅此而已。宪法要设置政治权力的限制条件，并制定行使政治权力的程序规则。但是，宪法不能用于社会的组织。开国元勋们并没有苛求智者仁人，他们也从不试图依靠法律和宪法的手段，去做那些只能通过社会制度做到的事。他们从不试图捏造什么制度。他们拒绝将制度的紧身衣束缚在后世子孙的身上。但是，在处理日常问题时，他们异常坚定地制定了自由社会和自由政府的原则，以至于后代的人都能以此为准绳。在保守主义反革命完成后的一个世纪中，社会结构有了巨大的变化。在美英两国，1876年与政治生活密切相关的制度，已与1776年时的制度完全不同。它们也与1776年那个年代的人所预见或期望的大不相同。但是毫无例外的是，所有这些新制度，都是基于保守主义反革命所制定的自由政府和自由社会的原则。

在美国，首先出现了不以意识形态和计划完美主义为基础，而是以传统、地方组织和永久性机构为基础的两党制。与欧洲的一切党派组织相反，美国的政党作为一个中央集权和实行中央集权的党派，它主要并不是关注如何夺取中央政权。尽管总统大选和国会大选也非常热闹，但是党派政客的主要兴趣还是关注本市、本县和本州的事务。全国性的党派实际上只相当于一家目的非常有限的控股公司。市、县、州的当地党派领袖之所以对全国事务和全国选举感兴趣，只是因为这可能会影响到自己的辖区。尽管这样，他们的权力和兴趣中心仍然在本地。

同样，两年一次或四年一次的全国性党派纷争也是为了地方机构，而不是像其欧洲邻邦那样为了争夺容身之地。地方党组织能生存下去，而且生存得很好——而无须控制中央权力。民主党尽管已长期不执政，但其支撑的时间要比任何一个欧洲国家的大型反对党都要持久。在美国，没有任何一个操纵政党活动的政客，愿意为追逐执政党主席职位而放弃其地方权力，他们宁愿失去党派在竞争中的执政地位，而控制更多的重要城市——即使是在这样一个中央权力越来越大的时代。

正是因为有了地方党组织的力量，美国各党派都有非常强烈的反中央集权倾向。总统虽然在名义上是党的领袖，但是任何一个总统都很难与他的地方党组织和平相处，除非他能够顺应其政党的反中央集权的要求。正是出于同样的原因，注重地方事务和地方"政策"的"正规"的党派机器，从来就没有产生过一位强硬的总统。因此，党派虽然是赢得中央权力的工具，却很少能为自身赢得这种中央集中的权力。一旦中央权力有任何的延伸或对地方自治有任何侵犯的话，它往往会受到怀疑并遭到反对。

由于各党派关注的焦点是地方问题，且"党派路线"要调和各种冲突，要调和地方与区域的信仰，所以美国各党派从来都不会提出"全盘肯定或全盘否定"的纲领。由于不涉及意识形态，所以它能包容任何政治信仰，即便是非常极端的政治信仰。因此，它就使得党派之外的极端主义运动变得没有必要和缺乏可能。此外，由于不做意识形态方面的承诺，它就能体现，而且已经体现了大众的任何要求，只要这种要求能够赢得多数人的支持。这样，它就能阻止或者至少是减缓政策的突然和剧烈的改变。但是，它又为所有一般化的纲领提供了载体。

总而言之，反中央集权、反专制独裁、地区性且不固守教条的美国政党，它不仅是一个极其保守的组织，也是防止政府演变为绝对主义的一个最有效的手段。党派总是依附于某个国家，但它并不是附属于某个国家。两党制在任何一个欧洲制度中都没有对应的内容。欧洲唯一可与之相提并论的可能是中世纪后期的庄园——它就像美国的党派一样是反中央集权、地区性和不带意识形态色彩的自治集团。

在美国，保障自由权力的另一个非常重要却完全游离于法律之外的措施，是政治权力和地位与社会经济权力和地位相分离。职业政治的腐败是"令人尊敬"之人退出政治生活的主要原因，此话可能不假。但更有可能的是，腐败乃是绅士退出政治舞台转而进入账房的一个表现，而不是原因。不管真实情况如何，由此引发政治职业缺乏社会尊重和社会地位，它已经导致了政治统治阶级和社会治理阶级的分化，这一分化阻止了任何一个集团成为统治阶级。而对操纵政党活动的政客所表示的轻蔑，也使得各党派已能很轻松地否决任何一个企图将任期无限延长的政治领袖。

美国的经验充分印证了这句老话，即一个能被淘汰出局的腐败统治者，远比一个诚实、"开明"且大公无私，因而备受尊敬以至于无法罢黜的专制统治者，更为可取。而与美国人的想法相左，就德国、法国和英国的不腐败、"廉洁"的市政府和省政府的经验，并没有使得为这种非蓄意的却实际存在的腐败支付的代价显得过高。

然而，最重要的是，美国的自由一直依托的是其无形的自治性民主政治。在美国，政府功能中有相当一部分，都是在某个地方或某个区域内由自发、自主和自愿的社团来行使。这其实并不能称作什么新的发展，其渊源即便不能上溯到中世纪的英国，也可以上溯到殖民地时期。尽管自我管理是以一种自发、无组织的形式在 19 世纪的美国发挥作用，但这种无形的自我管理实际上发端于 1776 年的原则。教会、商会、扶轮社、家长教师联会等组织并未意识到自己正担当着拟政府的功能，个体成员也没有意识到他们参与了自发的社区管理。然而，这些美国所特有的各类社团，确实是在管理。它们制订社区标准，承担社区功能，左右社区舆论，激励或防止某些社会行为。如果一个人想在英国的某一个小城市定居，从事律师、医生或商人的职业，他需要设法取得"乡绅"和"绅士"的支持或做他的道义后盾，否则他就站不住脚。在德国（希特勒之前），他们必须得到当地政府官员的支持，包括地方法官、警察局长、省长等。在我们国家，外来人需设法联系扶轮社、商会或某教会会众等。这些自发和自愿参加的社团，也许是当今尚存于世的最强大的一支反极权主义力量。

基于以上分析，美国人所享有的自由权力，显然不能全部甚至大部分归因于边疆和大陆的扩张。当然，在所有论点中，最为有害的一种是，认为自由是边疆扩张的副产品——它在欧洲有一个对应的论点，即认为帝国主义扩张乃是 19 世纪英国和欧洲自由的基础。两种说法的言下之意都是：没有边疆扩张或殖民扩张，就不可能有自由——换句话说，就是我们今天不可能有自由。

边疆扩张以及由此带来的美国惊人的物质扩张和地理扩张，这对自由既是一种帮助，也是一种重负，至少关于这点可资论证。当然，边疆是一个巨大的安全阀——不论是美国还是欧洲，均是如此。它培养了一种平等精神，更重要的是一种人皆有均等机会追求卓越的精神，这一精神进而使得 1776 年的愿景得以实现。然而，另一方面，边疆扩张及其迅速前移，使得垄断"托拉斯"的兴起成为必然，而铁路、木材、钢铁和土地等大公司对自由不可避免地造成了巨大的威胁。而这些加诸一个新兴国家的问题，是以前未曾遇到过的。

始于 19 世纪 40 年代中期的边疆大规模扩张一经开始，美国独立的政治思想几乎就全面终止，它具有高度的征兆。与美国独立战争时期的政治思想家们，如杰斐逊、汉密尔顿、麦迪逊和马歇尔等相比，现代欧洲，根本就没有出现过如此伟大且富于原创性的人物。而当时即便是二流的人物，如门罗、加勒廷和两位亚当斯等政治哲学家，也完全值得人尊敬。此后的一代政治思想家中再没有如此伟大之人物，但其中仍不乏巨匠，如杰克逊、韦伯斯特、克莱、卡尔霍恩等，还有为人所低估的范布伦。

自此以后，可称为美国政治思想源流的东西就销声匿迹了，甚至直到边疆扩张终止仍未复出。林肯的悲剧形象呼之欲出。但是，即便是林肯也没有政治哲学，他的伟大之处在于他的人道博爱。在平民主义时代和威尔逊时代以前，物质财富的扩张压力明显过大，在这种情况下不允许有什么政治思想。

关于边疆扩张，有一点可以很有把握，即正是由于美国的自由基础如此广阔，才使得如此急遽的突然扩张成为可能。同时，它的自由基础又是如此牢固，足以承受如此沉重的扩张负担。此外，其自由原则又非常彻底，能够抵消边疆扩张以及急遽的经济和地理扩张中潜在的不自由和绝对主义的东西。而在扩张的过程中，这些原则释放出了其全部力量，这种力量反过来又能够加强自由的潜能。

美国的扩张历史，始自《西北部条令》，它是一段描述自由政府存在的潜在可能性和固有可能性的伟大历史。但是，在这一段历史中，很少有证据能证明自由政府必然有迅速的物质扩张，或者说自由政府所能驾驭的唯一工作就是扩张。

关于19世纪英国的自由权力，有两个人人都耳熟能详的口号，即"议会君主制"和"多数政府"。实际上，英国19世纪的政治制度在很大程度上就是对议会君主制和多数政府的各项规定。英国当时实行的其实就是有多数赞同限制的少数统治。

这里用以实现这些目标的具体政治制度有：两党制（反对党成为政

府不可分割的一部分）、内阁和一个独立的文官制度。

尽管有些夸大其词，我们还是可以说 19 世纪的英国宪法可以脱离政府，却不能脱离反对党。随时存在一个"备择"政府，这实际上是英国政治生活中具有决定性意义的事实。多数党的意愿永远不可能是最终的或绝对的，因为作为反对派的少数党所持的异议，与执政的多数党的意志一样，同样都是英国人民和英国政府的意愿。

英国的制度（与美国制度），一直被批评为"不民主"。据说这些制度阻碍了多数的绝对统治。然而，这个特点不仅是其功能所在，也是其主要的辩护理由。防止绝对统治就是捍卫自由。同样地，说两党制妨碍了小团体发挥作用，这并非是批评，而是赞扬。

敦促激励新观念、新领袖通过现行执政的大党开辟一番事业，这种做法比任何其他做法都更为有益。因为它会迫使新生势力去证明自己比旧势力更好、更卓有成效，只有这样新生势力才能够允许取代旧势力。助长小派别和小宗派就会损害议会政体，而小派别和小宗派会导致政治团体不可救药地继续分裂，使得政府秩序几乎不可能存在。它只会给不代表任何人只代表自己的小团体以重要的地位和讨价还价的力量，以及与其真正的追随者人数根本不相称的动用公款的权力和自由。两党制不仅是预防多数专制的措施，也是预防少数专制的措施。⊖

通过两党制对多数统治加以限制，这只是英国政府分权和制衡的制

⊖ 尽管将比例代表制视为希特勒主义兴起或法国衰退的唯一或主要原因，这是一种曲解，但是笔者同意 F. A. 赫尔曼斯博士和其他两党制的辩护者的看法，即多党制及其便于让极端分子获得代表席位的做法，是欧洲大陆民众政府之所以软弱的主要原因之一。这也是欧洲理性主义为追求完美所牺牲的自由。

度机器中的一种。另外一种方式是内阁政府，或者更精确地说是首相制的出现。实际上，虽然不是在法律上，第一个担任首相一职的是老皮特（从皮尔至今，首相职位一直没有什么变化），其权力并不是得自于议会，而是得自于人民。首相由人民选举，投票者投票选举的是当地的议会成员，而不是迪斯雷利、格莱斯通或者阿斯奎斯，这样的做法比较有意义，就像美国法定选举人所票选的只是总统选举团成员，而不是直接票选总统候选人一样。尽管是非直接选举，但首相实际上被直接授予了负责政府行政部门的权力。他需要获得议会的信任。首相一职需要每隔 5 年通过大选重新选举产生，如果不提前的话。但是，其权力实际上是原初权力而不是衍生权力。

尽管这个每位首相都理解的事实，在任何英国宪法法律的教科书里都找不到，但是它表明了权力和功能的有效划分——一种行之有效的"制约和平衡"机制。一方面它严格地限制议会的范围和权力。在英国如果要反对首相的政策可不像在法国或德意志共和国那样容易，在这两个国家里，总理受制于议会。在英国，反对首相比美国国会反对总统还要更为困难且更为危险；在美国，国会并不承担寻找总统备选人的责任。而反对实际上是由人民选举产生的首相，则将寻找新首相——至少同样能为人民所接受的新首相的责任加到了议会身上。一个在议会中受挫的首相，往往能够号召选举人来支持他；或者他也能找反对党领袖，强迫他取得人民的直接支持。不管是哪一种情况，对议会的干涉都是极端危险的，它只能用于在原则问题上的孤注一掷，而且只能作为最后一种手段——法律意义和实际意义的最后一种手段来使用。因此，内阁政府实际上免除了议会很大一部分行政决策的权力和功能。同时，内阁行动需要议会批准的要求又构成了其对执行者的严格限制。

反对党和首相也许都可说是议会的机构，尽管其主要功能是防止议会的绝对主义。但是，文官制度是完全独立于议会的。文官制度明明白白、确确实实从外部构成了对议会的限制。

19 世纪大不列颠国逐步形成的文官制度，乃是有自治权的共同管理机构，它既受到议会的制衡，反过来也对议会加以制衡。但是，它既非议会所创建或控制，也不依赖于议会，除非在法律推定上如此。总的来说，英国的文官制度所行使的功能与美国立法机关所行使的功能非常相似。它可确保发展的持续性而不会突然中断，它为一切暂时的偏离提供了皈依的主通道，它遏制了议会或者内阁对法律的侵犯。

作为日常工作的一部分，每一位高级文官都需要同时为轮流执政的不同政党准备供其取舍的政策，这样就自动确保了处理同一问题的两个备选提案在基本原则上是没有分歧的。由于文官任期的长期性，再加上文官既独立于议会又独立于内阁，且每一个部门都有一个常务次官作为实际首脑，所以文官制度能同时对议会和内阁加以有效的制衡。而议会通过预算，内阁通过制定各部门的大政方针，又反过来可以制衡文官制度。

只要文官制度实现了其最基本的功能，那么通常那种认为它缺乏想象力和原则性的批评就是不公正的。如果说文官制度具有政治功能，那么它充当的就是裁决机构的角色，拥有半司法的职权力。它不像法官那样需要想象力和创造性，而是以约束和劝谏为主。创造性、想象力、领导能力和政治视野，都是议会或内阁所必须具备的资质。文官制度则必须保证这种创造性和想象的现实可行性，及与政府连续性的基本原则相一致。通过行政程序，它实际上已具有接近于司法审查的权力和义务。而对于常务次官，只要他未能为各党派的大臣们（不管是保守党还是自由党）准备好立法文案就是渎职。这一现实表明，只要他不放弃自己的工作，就不可能有自己的创造性。

当然，只有在文官制度作为政府的一个分支机构与其他部门相互制衡时，才会出现以上的情况。而今天，情况已发生了变化，文官制度已在许多方面成了政府本身。文官制度下的官僚机构开始逐渐削弱议会和内阁的权力和功能，官僚机构的政治权力自1900年左右开始发展。在英国的政治生活中，这是一种最为危险的倾向。它几乎整个摧毁了英国宪法，而且还在英国造成了175年来第一次真正的中央集权绝对专制主义的危险。

我们应该认识到，正是保守主义反革命的原则为美国和英国带来了自由社会（尽管这两个国家一开始有些不同），认识到这一点非常重要。1776年的美国人虽然与同时代的英国人属于同一种族，说着同一种语言，有着相同的法律以及大体相同的政治传统，却与其母国迥然相异。因此，我们不能再用所谓同一种族或同一民族的"种族特点"或"政治贤达"来解释这两个国家19世纪的自由社会。

在19世纪，这两个国家所处的社会现实和物质世界、它们的思维和行为模式、它们所面对的具体问题和问题的答案都完全不同。在整个19世纪，美国革命和随之开始的西进运动，加速了美国离开英国和欧洲的步伐。1917年，拿破仑之后欧洲最大的一场战争到了决定性时刻，此时的美国已经比作为殖民城镇的美洲，比杰斐逊·富兰克林博士、乔治·华盛顿和约翰·亚当斯时的美国，离欧洲更远了。轮船、大西洋越洋电缆和无线电等设施，只会让各方面的接触比帆船时代更加表面和短暂。

与其祖先相比，美国革命以后的美国人，离英国一代更比一代遥远——因此也就离欧洲越来越遥远。杰克逊和克莱的生活在社会和精神上与欧洲的距离，比约翰·昆西·亚当斯或丹尼尔·韦伯斯特与欧洲的距离更为遥远——亚当斯和韦伯斯特这两人完全可以视为英国人，18 世纪的英国人。而林肯、格兰特、安德鲁·约翰逊以及铁路建筑者又比杰克逊和克莱距离欧洲更遥远。接下来，西奥多·罗斯福和伍德罗·威尔逊那批人出现，或洛克菲勒·摩根和卡耐基、亨利·亚当斯和林肯·斯蒂芬斯那批人出现，此时的美国诞生了一种新型领袖和营造了一种精神、一种社会大气候，不管是好是坏，都是同时代欧洲的任何一个国家所不能想象的——尤其是 1900 年的英国所不能想象的。当时，英国新闻记者中有一句话说得很有道理，他们说，美国已在心态、习俗和制度上与欧洲越走越远，以至于几乎已不能为欧洲人理解。在那些负责向英国读者报道美国发展情况（笔者亦曾做过多年）的作家和记者中，有一种普遍的看法，认为共通的书面语言与其说是一种帮助，不如说是一种障碍，因为它造成了一种假象，一种有碍于真正理解的致命假象——似乎同样的词句在大西洋两岸有着相同的情感内涵和学理含义，有着相同的所指对象和弦外之音。

但是英美两个国家之间的差异，恰恰凸现了双方所采纳的原则的普遍适用性。从两个不同的基点出发，与完全不同的现实发生碰撞，在不同的社会背景和情感氛围下行动，两个国家都成功地发展成为一个自由的重商主义社会。不管它们之间的差别有多大，两者都基于同样的一个出发点，即任何个人或任何一支团队都不可能完美无缺或者拥有绝对真理和绝对理性。而且，不论是美国的开国元勋们还是英国的激进保守党人，都赞同混合体制的政府；都认为一方面是被统治者的承认，另一方面是个人的财产权，二者构成了对政府的限制；都认为政治领域的统治应与社会领域的统治相分离。

3

1776 年和 1787 年的美英保守主义者的共通之处不仅在于他们奉行共同的原则，还在于他们以自由为基础来构建功能性社会的方法也完全相同。他们所采用的方式相同，考虑了同样的因素，并给予了同样的重视。

保守主义反革命的这一方法，对于我们今天来说，与其原则一样重要，甚至可能比其原则还更重要。今天有许多政治作家和思想家都认为原则就是一切，而无须方法这种东西。这是对政治和政治行动的性质的根本误解，而这种误解 1776 年那一代人是根本不可能犯的。他们懂得，原则若没有制度来实现，在政治上便是无效的，而且对于社会秩序而言也是有害的，就像制度若没有了原则一样。因此，对于他们而言，方法与原则一样重要，而他们的成功既可归功于他们的原则，也可归功于他们的方法。

保守主义反革命的方法归根结底包括以下三个方面。

首先，尽管是保守派，但他们并不想倒退，也不企图复古。他们从不把过去理想化，而且他们对于自己现阶段所处的环境也不抱有幻想。

他们知道社会现实已经改变。他们也从不认为自己的任务只是在旧的原则基础上整合新的社会。他们从不支持任何抹杀既定事实的企图。

正是他们无条件地拒绝复古，才使得开国元勋们显得激进，而这就模糊了其革命本质上的保守性质。他们的社会分析确实很激进——极端激进。他们从来不接受上流社会的惯例或空中楼阁式的复古梦想，这种复古梦想是基于以下假设：旧的社会仍然发挥其功能，而实际上它作为社会已经瓦解。常有人评论说，伯克在分析现实时与卢梭有惊人的相似之处。而令许多人大为吃惊的是，两者对于现实的评论如此之相似，但伯克竟得出了与卢梭完全相反的政治结论。真正的保守派与真正的革命派对于现实的看法总是一致的。两者都了解政治和社会的本质，而极端保守主义分子或自由主义者则不甚了了。真正的保守派与真正的革命派只是在原则上相背离；一派试图创造或者维护自由，另一派则试图毁灭自由。而保守派采取现实的态度对待现实，这样做并不会削弱其保守的势力。1776 年和 1787 年的那一代人看到，保守主义实质上并不是企图复古，因为复古与革命一样，都是暴力和绝对主义。

因此，美国的开国元勋和英国的激进保守主义者都是立足现在和未来的保守派，而不是过去的保守派。他们知道他们的社会现实是重商主义体系，而他们的社会制度却是前重商主义社会制度。他们的方法就是要从这一现实出发，去创建一个自由的功能性重商主义社会。他们要解决的是未来的问题，而不是过去的问题；他们要征服的是下一次革命，而不是上一次革命。

其方法的第二个基本特点是，他们并不相信什么被视为楷模的经验或放之四海皆准的灵丹妙药。他们相信的是总原则的大框架，在这个框架内绝不容许任何妥协。不过他们知道，一项制度解决方案只有在确实能发挥作用时方才可以接受，也就是说制度要解决实际社会问题。他们也知道，几乎每一种具体的制度工具，都可用来服务于几乎所有的理想目标。他们在理论上崇尚学理，但在政治日常事务中却极端实用主义。他们并不试图树立一个理想或者一种完整的结构，他们甚至在解决实际问题的细节上会发生自相矛盾。他们所要的只是一个能解决手头问题的解决之道，只要这种解决之道符合基本原则的大框架。

就英国而言，这种说法很快就能够被接受。尽管，英国是伟大的乌托邦思想的摇篮，是1700年之前的两个世纪以来最崇尚学理的欧洲国家，但伯克的反教条主义已成为英国政治的基础。教条主义被逼到难有其立足之地的境地——伯克态度的归谬，由于对教条主义的惧怕，导致其无任何原则可言。

然而就美国而言，也许有人会争辩说，开国元勋们确确实实制定了一个蓝图——宪法。不过宪法的精髓并不在于定下种种规则，而是在于约束。宪法只包含几条基本的原则，它需要建立几项基本的制度并制定一些简单的程序规则。费城代表大会的会员之所以反对将《人权法案》纳入宪法，并不是由于对其条款的仇视，而是由于他们讨厌以将来作为抵押。然而，《人权法案》条款的一个主要特点就是它以否定式来表述，只规定了什么不应该做，而没有说应该做些什么。开国元勋们的方法极其成功，经典实例便是《西北部条令》。这个条令为整个西进运动提供了法律基础，也为以全新且非常成功的方法来组建疆域和创建新州提供了法律基础。然而，它的目的从来都只是为了相机解决紧急的实际问题，其制定者们既不设想，也不预期25年内边疆扩张会有什么新情况。他们所做的只是一点一滴地逐步制定立即要用的制度，并放松后置于一个宽泛的原则框架之中。

此类智慧，可从 1776 年那一代人的真实经历中得到充分的证明。这代人中至少有 3 人具有卓绝的预见力和罕见的洞察未来的能力。杰斐逊是 1800 年美国唯一一个朦胧预见到西进将在不到一个世纪的时间内使白人定居点遍布整个大陆的人。他的政治思想构建在一个模糊的幻影基础上，他隐约感觉到 50 年之后在密西西比河上游必将有一个伟大的内陆帝国兴起。然而，他却根本没有亲眼看见工业化大潮的掀起，尽管铁路正是使他对农村的幻想得以成真的东西。

另一方面，汉密尔顿则看到了工业化。他不仅是他这一代人，甚至还包括此后的又一代人中唯一具有工业眼光的美国人。但是，他又认为，美国将永远以阿巴拉契亚山脉为边界，永远将范围局限在紧靠大西洋海岸那些大贸易城市的地区。而伯克则意识到了国际贸易将成为英国未来繁荣兴盛的基础。但是，他未能预见到工业将成为这种贸易的基础，也未能预见到英国的农业必将为之做出牺牲。

费城的宪法制定者中，没有任何一个人预见到 40 年之后奴隶制会成为威胁到他们所构建的这个联邦的重大问题。当时普遍的看法是认为奴隶制很快会消亡，而且似乎是不可避免地要消亡。总之，管中窥豹，即便是能够预见到其中一斑的人也为数极少，更没有一个人能够窥其全貌。然而，他们的平均预测水平却并不是很糟糕，而是相当出色。

1776 年和 1787 年的那一代人同样也未能预见到他们将会有什么样的解决之道。伯克本人认为，英国的宪法和英国的自由，依托的是平民院、贵族院和王室的三足鼎立。他本来说过，贵族和王室独立政治权力的崩溃，在很大程度上还连同 1832 年的选举法修正法案，可能意味着英国自由的终结。他所支持的是一个通过普通法能推翻议会法令的司法体系，一种法院能宣布议会法令不符合宪法的体制。而现实生活中，议会已成了最高的立法机构。其反常之处在于，事实上 19 世纪英国自由的真正维系者（两党制、文官制度和首相领导下的内阁负责制）统统都可追溯到伯克，是他创立了前两项制度，并敦促了第三项制度的建立。然而，他却从未想到它们如此重要。

与此相类似的是，美国制宪会议上的主要争执是大州与小州之间的争执。解决大州与小州之间矛盾的政治算术令宪法制定者们非常引以为豪，如果说宪法制定者们还有什么比此更值得自豪的事，那就是选举总统的各总统选举团之间巧妙的数学平衡式。大州、小州的问题从此再也没有冒过头，而总统选举团也从来没有发挥过其功能。但是在费城，没有任何一个人预见到了司法审查的极端重要性，或者说其实他们可能根本就没有预见到有司法审查权存在。而且，他们可能都很憎恶党派制度，它后来成为美国政治生活中至关重要且独具特色的一部分，是自由的极其重要的壁垒。重要而有意义的一点是，不管是司法审查还是党派制度，两者都是作为解决实际问题的特别政治措施而引入的。前者引入是作为与杰斐逊倾向做斗争的一项党派政治措施，后者引入则是为了反对保守政客而选举杰克逊为总统。

不论是美国人还是英国人，都没有人（除汉密尔顿一人例外）预见到经济领域里自发秩序的兴起。美国人和英国人都把财产看作权力的合法基础，都把财产看作对政府的限制。二者都信奉政治统治和社会治理的分离，都对政治政府的领域加以限制，于是就使得作为一种自发秩序的经济秩序的兴起成为可能。但是，伯克（恰逢伦敦第一家大银行刚刚出现）与杰斐逊意见一致，认为经济统治权掌握在地主手中。

保守主义反革命方法的最后一点便是伯克所谓的"因循习惯"。"因循习惯"（prescription）与"圣化传统"（sacredness of tradition）两者并无任何联系。伯克本人在传统和先例不能解决问题时就无情地将其抛弃。因循习惯只是人性不完美这一原则在政治方法领域的一种体现。它只是说人类不能预见未来。他不知道自身将去向何方。他唯一能确知和理解的只是从历史演化而来的现实社会。因此，他必须以既定的社会和政治现实，而不是以什么理想社会，作为其政治和社会活动的基础。人类永远发明不了完美无瑕的制度工具，因此要达到目的，人类最好还是以旧有的工具为依托，而不要企图发明什么新的工具。我们知道旧有的工具如何起作用，知道它能做什么和不能做什么，知道如何利用这个工具并且知道在何种程度上可以信赖它。而对于新工具，我们则一无所知。但是，如果把它们作为十全十美的工具来兜售，我们就能有充分的理由肯定，它们一定不如旧有的工具管用，尽管没有人指望或声称旧有的工具完美无缺。

因循习惯不仅是人性不完美信念的一个体现，它也不仅表明了这样一种意识，即一切社会都是长期历史演进的结果，在这个演进过程中，国务活动家与纯粹的政客区分开来。因循习惯还体现了经济的原则；它告诫人们宁可选择简单、廉价和普通的制度，而不可选择复杂、高价和新奇的制度。它是与绝对理性相对立的常识，与表面辉煌相对立的经验和道德良心。它单调乏味、平淡无奇，一点都没有轰动效应——但是有保证。

这一原则的伟大实践者主要不是英国人，而是美国的开国元勋们。大量的研究工作已展开，旨在揭示他们对于殖民地政府和行政管理中，已证明是行之有效并且有所保证的旧制度，以及过去的经验和使用过的工具，是多么依赖。这些研究当中有许多都带有"揭露性"的思想倾向，是为了显示宪法制定者过于呆板狭隘，而无所创新。诚然，这是站不住脚的。就像上一代人曾经骄傲地认为，1788年的美国是从制宪议会成员的头脑里全副武装地蹦出来一样，两者都是站不住脚的。其实，开国元勋们在承受巨大压力的危机时刻总是小心谨慎地避免各种未经试验的新制度构想，而这正是他们最值得称颂的智慧之一，也是最令我们感激的一点。他们知道，他们只能用自己已有的东西；他们也知道，未来总是从过去开始的，而国务活动家的工作是要确定过去哪些不完美的地方可拓展，可拥有一个更加美好的未来，而不是试图找到促使政治永动的秘密——或者导致政治永远停滞的秘密。

由于19世纪的重商主义社会，不能够在全社会范围内组织新兴的工业体系，因此破坏了——或者说至少是严重削弱了1776年和1787年所取得的很多重要成就。19世纪政治统治和社会治理的分离（保护自由的一项重要的新措施）几乎已经不复存在。它并不是毁于什么阴谋或是错误，也不是因为现代社会太"复杂"而导致了失败，其根本的原因在于重商主义社会的制度不能组织工业体系内部的权力。在社会性建构领域里必须有功能性的合法秩序。然而，在现代工业体系内部，市场并不能提供这种功能性的合法秩序。正是由于这种功能性的合法秩序的缺失，中央政府才得以长驱直入，结果就造成我们今天随处可见的中央集权的、不受控制的绝对官僚主义盛行，而这在1776年的保守派看来正是最大的危险所在。

与此同时，由于相同的原因，自治性民主政治开始逐渐退化，甚至消失殆尽。民意政府已不再是实现自治性民主政治的工具，也不再是促成个人负责任的抉择的制度形式，而在很大程度上已成了个人借以逃避责任和抉择的手段。它已成为个人推卸自身责任和抉择的机制，通过这个机制，相应的责任和抉择就转移到那些"拿薪水的专门办事员"（如专家、官僚以及"元首"等）的身上。我们今天实施的并不是自治性民主政治，而在很大程度上是多数统治。除非我们今天能够创立新的自治性民主政治制度，否则我们明天将只能是民意统治，而民意是只能通过专制统治者来进行统治且受专制统治者支配的。

1776 年那代人所建立的那个特定社会，在很大程度上已经土崩瓦解了，因此我们今天必须重新建立一个全新的工业社会。不过，保守主义反革命的原则和方法都依然继续有效。如果我们想拥有一个自由社会，我们只有采纳同样的基本原则才能实现。未来具体的社会制度与 1776 年和 1787 年所构建的那个制度将会不同，反之它与 17 世纪或 18 世纪的制度一样亦会不同。但是，如果要构建的是自由的功能性制度，那么就必须使用与 1776 年那代人相同的方法：意识到我们不能复古，意识到我们必须接受工业社会这个现实，而不是试图倒退回前工业时代的重商主义旧体制去；要乐于放弃对蓝图和万灵药的幻想，要乐于去做那种较卑微和琐细之事，针对当前的问题，找到逐步完善但行之有效的解决之道；要知道，我们只能用我们原本就有的东西，我们必须从自己当前所处的位置出发，而不能以我们的目的地作为出发点。

1776 年和 1787 年的保守主义反革命，取得了西方历史上很可能是前无古人的伟大成就：未经社会革命，未经几十年的内战，未经极权主义的专制统治，而建立起了一个具有新的价值观、新的信仰、新的政权、新的秩序的新社会。通过提供自由的功能性社会和政治这样一个选择，保守主义反革命战胜了极权主义革命，而它所提供的这种选择本身与极权主义和绝对主义更没有任何瓜葛。重商主义社会有着非常好的社会基础，正因为这样，它才能持续100多年一直包容这样一个日益壮大的工业体系，而这个工业体系与重商主义社会所代表和依托的一切恰好是相互对立的。

我们今天所面临的任务比起1776年那代人的任务，可以说更繁重、更艰巨。虽然我们总是会低估古人的困难，因为我们已知道了其结果；并且高估我们的困难，因为我们面对的是一片未知的世界，尚不知道未来会有什么样的发展。但是，可以肯定的是，我们只有立足于1776年的原则，依靠那代人遗留给我们的方法去探索去实践，才能真正有希望达成我们的使命。

保 守 之 路

1

如果自由的工业社会要以一种自由的、非革命的、非极权主义的方式发展，那么我觉得当今之世能够真正做到的只有一个国家，那就是美国。

20世纪是"美国人的世纪"，近来在美国已经成为备受关注的流行话语。当然，可以肯定的是，美国再也不能回避参与强权政治，再也不能回避制定一个持久的战略思想，再也不能不明确界定其战略和军事边界以及哪些区域绝不能被潜在的敌人掌控。同样确定不疑的是，两种传统的美国式外交事务态度都已经跟不上时代了，甚至可以说已老旧失效。孤立主义和干预主义这两种态度都隐含了一种天真的假设，即认为美国能够自己决定自己是否想参与国际事务。但既然美国已成为即便不说是世界强国，也肯定是西方世界的核心强国，那么是否参与国际事务也就由不得自己决定了。无论哪个国家，只要它企图谋取对他国的霸权，此时美国都必须有自己的立场——即便发生的只是国际关系中的一个小变动，它也得有自己的立场。

极其可能的是，美国将会扩展自己的影响范围，扩大其政治和军事影响半径，将对国外的经济和社会发展领域发挥带头人的角色——简而言之，美利坚合众国即便现在不是一个帝国主义强国，也必将成为一个强大的帝国。这些话简单地说也就是这么一个意思，美国是一个强国，这一事实再也不能被无视。政治绝不能孤立地仅存留于思想的王国中。政治的主要任务是寻求将观念思想转变为制度的现实，而其工具便是国家势力。过去，英国常常被攻击说（相当愚蠢的攻击）"嘴里念着基督，心里想着棉花"。假如美国作为一个世界强国却反之，嘴里说着"棉花"，心里想着"基督"，那情形就会糟糕透顶。过去，美国人就是犯了太多这种危险的反向式虚伪的错误。他们明明是在努力追求崇高的理想，却偏偏要假装甚至自欺欺人，说他们所需要的只是物质利益和"实际利益"。

政治活动家的任务并不是要将物质现实弃之脑后，而是要将物质现实组织起来，去谋求实现自己的信仰和理念。此类组织的一个不可或缺的条件是，它必须现实可行。"政治理想主义者"在自欺欺人的同时，也总是愚弄着信任他们的人民。而"政客"的目光则仅仅盯在组织之上，忘却了整个世界的丰富多样，甚至从来就没搞清楚自己的努力奋斗所为何物。只有政治活动家能取得真正的政治成功，能把权力和组织的实际问题解决得妥妥帖帖，堪比最为机诡狡诈的政客所能，同时又从不放弃其基本原则，也从不在基本原则上做任何妥协。他们绝不会无视这样一个事实，即理想目标必须找寻制度的力量，通过制度的组织才能变为现实。另一方面，他们还深知，原则虽然并不决定行事的具体方式，却决定着行事的内容以及行事的原因到底为何。

总之，美国作为一个世界性的强国——也许还是世界上最强大的国家，无疑应当很讲究国家权力运用的策略，即应作为一个强国来运用其国力。然而，如果"美国人的世纪"仅仅意味着美国在物质方面的优势，那么这个世纪只能说是一个被浪费的垃圾世纪。今天，有些人似乎认为，美国人的天命已经决定了美国必然要在世界霸权争夺赛中变本加厉，比纳粹分子还要纳粹，它要以美国的北佬来取代希特勒的北欧日耳曼民族作为优秀人种，而有些人甚至称之为"为民主而战"。然而，这种做法无益于美国的强大，只会导致其衰败。它也不可能带来任何方法，以解决导致这场战争的基本社会危机。假如 20 世纪必然呼唤一个自由的功能性工业社会，那么美国必须解决关于原则和制度方面的重大问题，这些问题今天就需要有一个解决之道。只有如此，20 世纪才会真正成为一个"美国人的世纪"。

当然，19 世纪已经深深地打上美国的烙印，比人们普遍意识到的更深远。北美大陆的殖垦移居不仅是作为 19 世纪唯一的最伟大的成就，而且作为安全阀——无论从字面意味还是从哲学意味，向美国这块自由土地移民的可能性及美国的各种机会均等，使得欧洲的社会体制终于免遭毁灭崩塌。更重要的是，美国革命，即 1776 年和 1787 年保守主义反革命，也成就了保守势力在英国的胜利，使得英国的保守势力找到了向 19 世纪自由的重商主义社会过渡的方式，并且从物质上和精神上双双战胜了法国大革命的极权主义。但是，19 世纪的美国还不是西方世界的中心而只是其边缘。美国革命只是给英国那些显示了新希望的新生力量祛除了束缚带来了解放，但它并未创造这种力量。通过将那些被新生力量剥夺得一无所有和无家可归的人吸引到自己的麾下，美国西部边疆开发给欧洲体制的壮大和扩张提供了机会。但是，整体上说，西方发展的发动机还是在欧洲，更具体地说是在大不列颠。

而在我们这一时代，这种驱动力，这种基本的信仰和制度，都必将存在于美国并且从美国辐射四方。即便英国找到了朝向工业社会的保守性过渡方式（战时的英国如今也确实存在许多前景看好的迹象），其反革命也只有在美国的保守势力祛除束缚解放出来之后才能获得成功。因为美国作为国际化的战略、政治和经济中心，它有着最发达、最先进和最强大的工业批量生产体系。无论美国发展出的社会和政治工业秩序如何，其他工业化国家都将群起仿效——只要美国发展出的是一种功能性的工业秩序。

极权主义势力的想法确实没错（自从开启世界征服之路它们就对此确信不疑），美国才是它们最终的也是真正的敌人。从物质意义上讲确实如此，从政治和社会意义上讲则更是如此。因为只有美利坚合众国能够找到一条通向自由的工业社会的非极权主义、非革命的道路，这是战胜极权主义的绝对确定无疑的，同时也是唯一的一条途径。

2

我们知道一个功能性的工业社会必须达到哪些条件。首先，它必须给予工业体系里的个体成员以社会功能和社会身份。它必须能够将所有个体整合融入一个社会目的。它必须赋予个人的目的、行为、欲望和理想以社会性意义，同时也必须赋予组织、制度和群体目标以个人性意义。

其次，工业体系内部的权力必须成为具有合法性的统治，它只能将其权威的来源置于某些道德原则之上，这些道德原则已经被社会广泛认可为社会和政治权力的合法性基础，而用来践行这种统治的制度，则必须是谋定而后动、特为实现社会的基本目的而组织起来的。

我们也知道自由的各种条件。一个自由的社会需要有政治自由：一个受控的、有限的和负责任的政府。它必须在其社会性基本建构领域里，基于公民们负责任的决策而组织起来。它必须有自治性民主政治，而且仅仅具有纯粹法律上、纯粹形式上的民主是不够的，还必须有公民对政府及其决策的真正负责任的参与。

最后，在一个自由社会中，政治政府和社会治理必须是分离的，二者必须彼此独立于对方，互不隶属，每一方都必须受到限制，同时每一方都必须限制、制衡和控制另一方。二者最终都服务于同一个社会目的。但它们必须将其权威建立在不同的基础之上。政治政府的基础必须是一种正式的司法原则，政治制度的基础则是社会生活的正式框架。社会治理的基础必须是对实质性社会目的的实践承诺，因为正是通过社会治理社会实体找到了其制度性组织。这两个原则的并行不悖，基于这两个原则的制度之间的相互制衡，两个合法性权力实践之间的彼此调控，防止了导向无政府状态，也防止了导向专制暴政，由此构成了对自由的最终防卫措施。

要建立一个自由的并且功能性的工业社会，就必须倒转过去25年中（如果不是过去50年中的话）主宰着西方世界的那种政治和社会走向。在此期间，个人的社会功能和社会身份一直在日益丧失。几乎所有的工业国家里，社会一直在慢慢地消解退化为一群无政府主义的乌合之众。也是在这一时期里，工业体系内部的决定性权力已经丧失了其合法性基础。公司管理已与个人财产权相分离，这种个人财产权在之前的200年中本来一直对管理权力有着充分的主张理由。与此同时，公司管理层取代前工业社会的重商主义统治者而成为真正的主人。

在政治领域，其趋势已脱离了由公民积极和负责任地参与的自治性民主政治，而走向了中央集权的、难以控制的官僚政治。更重要的是，社会中合法性的自治性治理的缺失，已使得这种政治领域的集权官僚机构又轻松攫取了社会领域的权力。当今时代，这种通向一种家长式的官僚主义国家的绝对统治的趋势，似乎再没有什么别的趋势能像它那样"不可避免"，没有任何别种趋势像这种趋势一样难以逆转。与此同时，它又构成我们当中最危险的专制力量。因此，重建一个自治和自我管理的社会领域，构成了我们最迫切的任务。

要建立一个自由的且功能性的社会，必须克服社会瓦解的极权主义基本趋势，唯此之后才能有所作为。但是，虽然这种趋势必须得到逆转，却不能逆转恢复到旧时前工业时代的重商主义社会。19世纪已经永远成为过去了。它之所以一去不复返，是因为它不能社会性地组织好工业世界的物质现实。如果再走回头路（即便可能的话），那么我们面前所摆着的这么多问题就一个也解决不了。这种认识必须作为我们分析的出发点，它也必须是寻找通向未来之路的出发点。

复古者喜欢将自己看作保守派。其意思是，他将某一特定历史时点上的情形，比如说1850年或1927年的情况，当作绝对不变的。但是，这种否定发展和变化、否定责任和抉择的观点，比人们所能想象出的，可以说更缺少保守性。将过去的某种东西无限拔高美化到绝对的地步，这与纳粹鼓吹的未来太平盛世观，如出一辙，都是极权主义和激进革命主义的。从方法上讲，复古者不过表明了其只是一个带着面纱的极权主义者。他们与那些公开承认的极权主义者一样，偏激、铁石心肠，而且蔑视历史进步、个人自由、传统以及现有制度。虽然他们说的是"昨天"，而公开的革命者说的是"明天"，但是，除了在政治效率方面，这两种绝对主义的乌托邦其实并没有什么差别。复古者竭力鼓吹说，我们只要能够恢复1860年全盛时期的自由贸易制度，或者《国联公约》及其1924年提出的修正条款，那就万无一失，什么问题也不会再有；最终，他们只能以失败告终。但是，他们的失败却阴魂不散，在民众的脑海里形成了一种致命的错觉，似乎除了复古与革命再也别无选择。而在这种进亦忧退亦忧的两难困境之中，民众更可能选择革命，因为复古已经明显走进了死胡同，而相比之下，革命承诺了一些新的事物、新的气象。

复归到前工业时代的重商主义社会，非但不能解决由于工业体系的出现而引起的任何社会问题，反而可能使得这些问题变得无法解决，不得不借助屠杀、革命和专制暴政等手段。因为，所有复归19世纪社会的企图，都对我们时代的工业现实矢口否认。而要解决克服革命思维主义问题，我们只有通过进一步发展工业，使之成为一个功能性的自由社会的社会性基本建构领域。

由此，我们不得不回到1776年和1787年保守主义反革命的原则和哲学上来。不过，我们将不得不在一个与19世纪完全不同的层面上，运用这些原则对一个完全不同于19世纪的实体进行社会整合。我们必须使工业带上社会性意义。我们必须将工业建构成为一个自治性领域，在这一领域中，社会为了自我实现而进行自我管理。换句话说，我们必须组织一个与1776年和1787年时完全不同的物质现实。而这意味着社会制度、社会权力与控制机构，社会、经济和政治问题都将大大不同。组织性原则虽然仍是真正保守主义的原则，但是，它们将被用于一个新社会的新的整合。

我们知道，这一新社会一定是一个工业社会，在这个社会中，工业生活组织成了社会性的基本建构领域。但是，我们难以知道这个工业社会将致力于实现何种目的，它将基于何种道德伦理原则。我们今天对于未来的全部理解，构成了一个自由的功能性社会的形式上的要求，即如果没有这些条件，一个社会就不能够运转，也不可能是自由的。但是，我们却依然无法预言工业社会实现自由后会如何，也无法预言其功能将服务于何种目标。

我们有理由能肯定的唯一一点只是，工业社会的宗旨和目标肯定不同于19世纪重商主义社会的宗旨和目标。经济活动不会消失，在数量上也不会减少。在个人的生活中，经济成就与经济报酬的重要性可能仍然会像在今天一样。也没有理由认为技术进步会中断。然而，最不可能的是，经济活动会成为工业社会的建构性社会活动，经济目标会成为工业社会的决定性社会目标。

经济目标作为最高目标这一点已经获得了150年的成功，而正是这一点将趋向于降低这种目标的地位转而置于次一等的位置。在工业国家，经济进步已经给我们带来了经济上的丰裕。因此，再没有什么理由要像重商主义社会那样，将一切社会生活都附属于经济活动。无暇顾及所有其他社会方面，仅仅将经济进步获取财富作为要务这一点对现在已经不再那么迫切。经过不断积累经验教训，我们已经开始思考这样的问题：为了取得某一经济成就，那些必须付出的社会代价是否合理是否正当。换句话说，我们已经放弃了那种认为经济发展总是，而且必须是最高目标的观念。而一旦我们不再将经济成就视为最高价值，并且终于意识到它不过是众多目标中的一个，那么我们实际上也就已经放弃了将经济活动作为社会生活基础的做法。

但是，放弃将经济领域作为社会性建构领域这一点的发展远不止于此。西方社会已经放弃了那种认为人从根本上说是"经济人"的观念，即放弃了那种认为人的基本动机是经济动机、其自我实现在于社会成功和经济报酬的观念。重商主义社会所基于的人性与人的目的的道德概念，在今天已经不再可取了。因为我们已经认识到，自由和正义，是不可能在经济领域和通过经济领域得以实现的。我们还认识到，一个功能性社会已经不能在市场中和通过市场组织实现。"经济人"已不仅因为其在物质方面的成功而反使自己成为多余，而且它在政治方面、在社会方面和在纯粹形而上学的理论方面也都已经宣告失败。⊖

不过，尽管我们必须认定，"经济人"不再是工业社会所基于的人性及其自我实现的观念，同时经济目标也将不再是社会决定性的意义深远的目标；但我们还不知道，到底会由什么样的更有价值的道德伦理目标以及什么样的人性观念来取代这种人性观念。

⊖　我认为，这次大战已经使得这一论题得到了完全的证明，根本不再需要进一步的探索，也不需要进一步的文献证实。想要对这两个方面进一步了解的读者，可以参见我的前一本书《经济人的末日》（New York and London，1939）。

　　希特勒曾经企图将其"英雄人"的观念强加给西方社会，但这种企图已经失败流产，因为这种观念认为人可以通过永久的战争和征服得到自我实现。纳粹社会尽管自我标榜为一种超越古今的开创性社会，但其实它连成为一个功能性社会这一点都没有取得成功，更不用说成为一个自由社会了，这理所当然绝不可能。而希特勒主义在建成一个取代重商主义社会的超越古今的开创性社会方面的失败，恰恰给了我们机会。因此，战胜并超越希特勒主义就成了我们的使命。不过，我们不能寄希望于依靠复归重商主义社会去战胜和超越它。我们也不能寄希望于仍然保持"经济人"作为我们的人性观念和我们社会的基础。我们必须以一种全新的人性观念和一种全新的社会目标和社会实现观念为基础，去开创一个自由的且功能性的工业社会。当然，我们现在还不知道，也无法知道这一观念到底会是什么样。

　　可以肯定地认为，这一观念已经存在于我们的社会之中。50年之后再来回溯我们这个时代，我们的后代很可能会对我们的熟视无睹大感诧异。在他们已经拥有的确信无疑中，这一答案将是显而易见和清晰无误的，但对今天我们这些必须去寻求它的人来讲，它却是如此模糊难寻。大有可能的是，未来的社会观念乃是我们今天大家都知道的某种观念，甚至说不定压根就是我们今天所提出的作为有效解决方案的诸多观念之中的某一个。有人已经得到了答案，但是今天现有的诸多答案中，到底哪一种将会被证明是大有先见之明的呢，没人敢打保票。社会生活的基本伦理观念不可能凭空发明出来，它只能是渐进地发展而来。它既不可能是人为编造出来的，也不可能是天启神授的。更主要的是，目前尚找不到有效的方法，去将这种已经萌生并隐伏着的观念转变成一个有效的可接受的观念。我们唯一能做的，就是尽力使这一观念能够以一种自由的、非革命性的方式出现。但是，这一关于人性与社会目标的新观念，早在有组织的政治行动和制度化实现之前就已经存在了。它存在于哲学或形而上学的领域里，存在于信念和理想之中。制度基于此得以建立，但其本身却不能用制度或政治手段来实现。

这一工业社会基本社会目标的缺失，构成了我们时代问题的核心。它使得我们的时代真正具有了革命性，它使得那些包医百病的万应灵药和那些直接通达乌托邦的捷径显得极具诱惑。但是，它也使这些东西的危险成倍增加。这就解释了极权主义学说，无论是唯理论的极权主义学说还是革命的极权主义学说，为什么总是如此诱人。不过，它也使得这一点变得比什么都重要：寻找一条非革命性的、非中断性的过渡之路，实现从自由的且功能性的重商主义社会向自由的且功能性的工业社会过渡。同时，它也使得实现这一过渡只有借助于真正保守的途径：立足于我们现有的基础，使用我们已知的工具，通过以相容于自由且功能性的社会的已知条件的方式解决具体问题。除此之外，任何其他途径都只会导致灾难。

3

鉴于我们并不知道未来的工业社会得以组织的社会目标是什么，我们也就无法预先描画出其蓝图规划。当然，我们必须建立一整套新的社会制度，必须对我们现有的制度进行重大的革新。而且，我们正面临着许多急迫的社会和政治问题，需要立即采取行动。但是，我们无法为未来社会制订详细周密的计划，哪怕是为其建立起一个小规模的模型。

我们所唯一能做的，就是对有关新的社会制度的每一项提议都进行严格的试验，考察其是否能够符合我们对一个自由的功能性社会形式上的最低要求。我们必须对现有制度进行革新和重组，使其转变成一个能够服务于未来自由工业社会的制度。同时，我们可以而且必须对我们的行动程序进行重塑调整，以使我们诸多迫在眉睫的日常决策适应我们在此所阐明的社会自由和社会稳定的条件。

我们所拥有的，只是一个在诸多可能的行动程序中进行选择的原则。但是，这只是一个纯粹消极性的选择原则；它只是教我们决策哪些步骤不能采用，但它并不能使我们从接下去的基本政治决策中解脱出来。我们虽然也有着行动的标准，但那只是一种形式上的抽象标准。我们可以决定如何使用工具，甚至在一定范围内还能决定使用什么工具。总体来说，这一切表明：为了建造那种我们所要的房子，我们已经有了建筑时所必须遵循的工程规则，但是，我们却不能由此就自以为我们能闭门造车，能够靠凭空想象得出那栋房子来。

今天，只要有谁拿出了一张完整的蓝图，实际上这本身就暗示着他其实并不懂得自己真正的任务究竟是什么。而且，只要仔细检视一下这些蓝图就会发现，大多数情况下，它们只是对房子的整修和外观做出了某些努力，但也仅此而已。然而，在我们的社会大厦上粉刷涂抹上一层白色涂料，这又于事何补呢，难道这就能矫正我们当代社会的结构性缺陷吗——刷上再多粉红色或大红色的涂料，也同样是徒劳无益，于事无补。因此，"完美无缺"的蓝图有着双重的迷惑性。它不仅不能给我们提供解决之道，还因为它企图把真正的问题掩盖起来，而使得问题的真正解决变得更加扑朔迷离，困难重重。

　　当然，这并不意味着我们就没有必要未雨绸缪，我们还是有必要为我们的行动提前做好计划和准备。没有什么比临阵磨枪更致命的——临阵磨枪，不过只是我们当前情况下"惰性"的代名词而已。指望依靠"敷衍应对"，我们不可能赢得这场战争或者赢得和平；依靠运气或者什么灵机一动，这种恶劣的赌博心态纯粹是犯罪，而赌注却是我们天下人的性命和幸福。

　　我们必须组织最为广泛、最富想象力而且最雄心勃勃的准备和计划方案。然而，这种计划的拟订，与今天大量的而且人数越来越多的"计划者"的方法与途径，却正好截然相反。

　　现在，"计划"已经成了一个流行用语，其所富含的某种神话意味已经大大超出了原来词典里的定义。今天，打着令人误解的"计划"的旗号而大肆宣传的万应灵药，其志不在于为未来事件和紧急状况未雨绸缪，而是为了消除对政府权力的一切限制。"计划者"们的第一步将是树立起一种包罗万象而又至高无上的权威，使之掌控着管制、调控和辖制政府和社会一切事务的无限权力。"计划者"们主要针对的目标不是直接对准临阵磨枪式的仓促应对和无准备状况，而是直接对准了政治政府与社会领域的统治两者之间相互分离的状态。今天，那个包罗万象、得到广泛倡导的中央集权式计划，整体上就是一种"完美无缺"官僚体制的专制统治。"计划者"们自己就大言不惭地将其统治看作仁慈的和开明的专制统治。他们根本无视这样一个历史事实：一切专制统治都注定了将迅速蜕变为贪婪成性的暴政压迫——究其原因，正在于其不受限制、不受控制而且也无法控制。何况，即使仁慈的专制统治是可能的，它与自由也仍然是水火不相容。

因此，计划作为一种哲学，只能建立在对自由的否定和对完美无缺的精英绝对统治的寻求之上；作为一种政治方案，它所依托的乃是一个可证伪的断言——对社会、政治和经济事务的计划，是一种全新的革命性事物。"计划者"们断言，19世纪的社会是一个无政府主义的社会，缺乏一种有意识的计划和未雨绸缪，而且完全依赖于运气和偶然性。认为我们以前从未致力于明智地设计我们自己的命运这种妄断，就是"计划者"们所极力兜售的货色。

事实上，19世纪并不是没有使用过计划——适度计划，而且这种计划惠及极大范围，最为明智并且带有明确目的。重商主义社会的所有基本制度，都正是经过了长期的、小心翼翼和深思熟虑的准备而生发出来的。

举例来说，金本位制，这绝不能说只是偶然的结果，恰恰相反，它是多年以来不懈努力辛苦和殚精竭虑工作的结果。它不是无政府状态，而是时至今日所设计出的最精密的运作机器之一。相信金本位制只是自然生发和天赐运气的"碰巧"结果，就像相信一群被放任在飞机厂里的猴子能够将四引擎飞机的散乱零部件凑合在一起碰巧组装成一架完整飞机一样不合情理。其实，不仅金本位制所要达到的目标的制定经过了深思熟虑和苦心求索，要创造出一种能自我管理和独立于政治政府的货币和信用体系，而且这一极其复杂而又高度灵敏的机制的每一个部分，都可以说是经过了多年的审慎调查和精益求精才逐步完善形成的。无论是19世纪的贴息政策、"黄金输送点"（金本位制下汇率变动的上下限），还是硬币与纸币之间兑换比例等，这些都绝不是靠偶然所能"碰巧"的。

对英国银行业政策的最初研究，在 19 世纪头几年就已在进行，而这一制度则是在 19 世纪 50 年代后期随着麦克罗德对信用的深入研究才得以完备起来。其间，经历了半个世纪的不断计划、有组织的研究以及小心翼翼的受控实验。

同样，美国的西部开发运动也不是无计划、无政府的。自制定颁发《西北条例》起，也经历过许许多多审慎周密的计划和准备。这其中，没有任何一个计划、一种准备从性质上讲是一劳永逸的，或者说绝对性的，而都是基于同一个基本原则，都是有意识地致力于寻找同一问题的解决之道——如何在新的土地上迅速而有序地组织起自我管理的新社区。1862 年的《宅地法》，作为这一发展的高潮，堪称截至此时所实现过的最雄心勃勃的社会工程之一。19 世纪 70 年代和 80 年代横贯大陆的铁路所带来的向西北部的移民安置，同样是最成功的大规模计划。

类似的是，政府机关彼此之间的相互制衡制度，或者说英国式的议会制度，也绝不是偶然发生的，而是经过长期审慎周密、深思熟虑的准备和试验的结果，其间有过无数的尝试，为的就是寻求能实现其特定目标的制度。

因此，整个 19 世纪，计划和准备这种极其有价值而且必需的工具，一直是在不断地使用着。但是，在我们现代的“计划者”们看来，“计划”并不是这样一种工具——既可能用好，也可能用糟，能用于这些事，但不能用于另一些事，能为善所用，也能为恶所用。今天，“计划”被说成是能包医百病、解决一切问题的点金石和灵丹妙药。工具被变成偶像走上了圣坛，也就即刻失去了其作为工具的全部价值。

今天的“计划”哲学并不是一种已万事俱备的方案，而是一种毫无准备的纲领。它要求我们放弃一切可能的选择、试验和实践检验，而去盲目支持一个从未尝试过的奇迹幻想；它要求我们信赖 20 世纪的"专家"对未来先知先觉的预测能力；它从一种主观预想的未来观念出发，并且拒绝给予其教条模式不相符合的情况留有任何机动余地；全面"计划"实际上是彻底的即兴而为；它弃绝一切旨在解决问题的深思熟虑的有意识尝试，而赞成按技术官僚的猜测孤注一掷。

因此，我们的计划必须与"计划者"之道逆向而行。首先，我们必须拒斥他们的绝对主义。对他们而言，似乎自古华山一条道，只存在一种完全一致的绝对制度，而且这一制度不能稍离分毫，否则混乱就在所难免。而另一方面，对于我们而言，必须接受以下前提作为出发点——谁也不知道最终的解决之道路在何方。由此，我们必须容忍非一致性、多样化、折中性和矛盾状态。我们所唯一知道的只是："计划者"们绝对论的"非此即彼"立场除了导致专制暴政外，没有任何好处。

其次，我们不能仅仅满足于为我们已预见的或想要预见的事情制订计划。我们必须对一切可能的，以及许多不可能的偶然突发情况都做到有备无患。我们必须准备好可行的解决方案，至少是找到通往这种解决方案的途径，以应付任何可能出现的情况。而且，这种解决方案必须满足自由社会的制度条件。

为战后的未来未雨绸缪所需要采用的方法，类似于参谋本部筹划未来战争的方法。参谋本部成员可能在会发生什么以及应发生什么情况的问题上各持己见。但是，如果一个参谋本部将其工作仅仅局限于为可能发生或希望发生的突发事件做准备，那它就是一个不称职的蹩脚参谋本部了。

　　有时候，参谋本部也许认为与某个邻国发生战争是完全不可能的。但是，它仍不得不为万一判断出错发生战争而未雨绸缪。最卓有成效的参谋本部在不必要的工作方面，不是做得最少，相反，而是做得最多。因为大家都指望在符合基本战略原则的前提下，为每一种可能想象到的情形都制定应对方案——而这种基本战略原则就像自由的基本原则一样，是恒定不变的。

　　只有为每一件可能发生的事情都未雨绸缪好了，我们才可能对将要发生的事情应付自如。但即便如此，我们还常常会发现，计划赶不上变化，实际的情况离我们已考虑到的各种可能性还是很遥远，以至于我们可能还是应付仓促。但是至少，既然我们已经为许多不同的选择甚至相互矛盾的可能性做过了应对计划，那么我们就能够掌握足以处理所涉及的实际问题的技术，即便出现出乎意料的情况我们也能掌控自如。

　　采用这种方法的首要前提是：我们必须知悉那些主导我们的准备和计划工作的必备原则。与此同时，对那些我们必须依据这些原则加以掌控和组织的现实情况，也必须尽可能多地理解。这种现实的核心部分正是我们生活于其中的这个社会体制，本书主要也正是致力于这一理解。不过，还有另外一些事实也几乎同样重要。甚至在本次大战爆发之前，国际军力关系和国际经济体制都已经彻底改变，和 1918 年或 1929 年时的情况相比简直不可同日而语。当然，战争也在改变着这些领域的基础。然而，即使是那些看上去最雄心勃勃的蓝图规划，其实也是基于对恢复1913 年的体制或缔结一个更好的凡尔赛和平的希望，无论其表面上看来多么激进，其实都早已过时并且毫无想象力。我们必须了解当前的现实，才能畅谈未来。

既然我们的出发点必须立足当前，我们就只能用已经有的东西去建设，而不能从凭空发明我们想有的东西着手。我们的首要任务首先是尽可能多、尽可能好地利用现有制度。只有在它们难以用于建设性目的时——即使修正改进后也不行，我们才能用自己新发明的方案去取代它们。即使是使用这种最保守的方法，也仍然会有许多事情，足够整整一代人去建设、去构造、去修理、去剪裁了。我们将不得不放开胆子去做——但绝不是仅仅为了胆量本身的缘故。我们将不得不展现出各种姿态：分析事实透彻激进，对待原则谨守教条，方法手段保守稳妥，政策层面灵活实用。而最重要的是，我们必须通过在工业领域建立真正的民主自治，来防止中央集权的官僚主义专制暴政。

4

建构自由的、功能性的工业社会这一伟大任务刻不容缓，不能指望推迟到战后再去完成。因为，确凿无疑的是，战后的世界，将更多的是战时社会的产物，而不是任何"战后政策"的结果。无论战时制度、战时经济体制还是战时政治组织，都会对战后的世界形成巨大的影响。如果我们只是等到停战那一天才拿出我们的"战后计划"，那就真有点错失良机了。决定战后社会结构的，并不是蓝图绘制者们的宏伟方案，而是战时那些所谓的"临时紧急措施"——特别是如果战争将要持续很长时间的话。这些战时的"临时紧急措施"会发展成停战时期以及和平时期的"临时紧急措施"——而且在我们尚未明白过来之前，这些措施就已立地生根，变成永久性的了。

　　我们现在这个战时社会的事实、制度和信念，将奠定为我们战后和平社会的基础。这些事实将成为我们不得不沉着应付的社会现实，这些制度将成为我们借以应付的社会制度，这些信念将成为我们借以激励我们行动的社会信念。如果忽略了这一点，而只是埋头等着停战或者和平一刻的到来作为我们重新开始的起点时刻，这不仅违背了政治行动的首要原则，不仅从根本上说是一种绝对主义的方法，没有看到要去除"临时的"战时创新所需要付出的代价，就像当初引入这种创新时一样沉重，而且这还严重误解了政治可能性的限制。

　　不从我们已有的情况出发，这简直是不可能的——尤其要知道，时间不等人，而且我们还会有更多需要立即着手的紧急任务，都不能坐等有了现成的新方案再开始。如果在未来的那一时刻，我们知道我们的战时措施和战时制度意味着什么、能起什么作用、其基本社会含义和政治含义如何以及我们能将它们用于何种目的，那么，我们就能够抓住良机大展宏图，放手去做建设性的工作。而如果我们等到停战之日才去思考这些，我们就将一败涂地，不能指望会取得任何成功。

　　对战争的认识还有一个更大的错误（不管是这场战争还是其他任何一场战争），认为就战争本质而言，是对我们的社会秩序或者我们的自由社会的一种威胁。事实上，这全在于我们如何对待，如果我们只是放任它成为威胁，那它就确实是一种威胁，也就是说，如果我们不利用战争来达到建设性目标的话。其实，战争完全可以成为一个建设性政治行动的绝佳机会——这种机会，比我们在"长期停战"年代里的机会好得多。它恰恰提供了我们的社会所一直欠缺的东西——个人的社会功能和社会身份，共同的社会目标。在全面战争中，每一个人都是战士，每一个人都承担某种功能。每一个人的个人生活和工作都与社会生活和工作融合到了一起——即使这种工作仅仅只是扫扫大街或卷卷绷带。每一个公民的活动都对社会有意义；社会对每一个公民也都具有意义。战斗的意志，获取胜利的动力，作为自由民族生存下去的决心，在一个自由的国度，赋予社会以久违了的基本目标和社会信念，使他们重新与我们同在。

当然，这么说并不意味着战争是值得向往的或令人愉悦的，这当然都不是。但是，塞翁失马，焉知非福，战争所能产生的积极结果可以远远超出仅仅是击败侵略者这一基本结果。而且，也必须使战争转化生发出这种积极的结果，否则我们是不是要重蹈覆辙，再次经历那种挫败、那种幻灭、那种道德崩溃，这些导致了上次大战后对所有牺牲均已白费的痛感呼号。真正构成对我们自由的威胁的，正是这种战后的道德沉沦——而不是战争本身，也不是战后的经济萧条。唯一能够避免这种情况的办法，就是利用战时的社会组织，利用战时个人与群体的融合，利用战时目标和信念的一致，去发展我们的工业现实的社会制度，这将能够提供一种和平时期导向功能性的自由制度的合理希望。

这种政策必须围绕工业这一中心展开。它必须努力尝试建立某些我们前所未有的东西——工业中的社会制度。在全面战争中，工业体系中的个人具有了重要的社会功能和清晰明确的社会身份这一事实，必须好好利用来建立一种永久的功能性社会组织。而工业生产对于战争结果举足轻重的决定性影响这一事实，必须好好利用来在工业中建立一种基于负责性自治的合法性权力。换而言之，工厂必须成为功能性的自治性社会团体，工厂必须能够像村庄服务于乡村社会和市场服务于重商主义社会那样，服务于工业社会。

　　这种政策的指导原则应是利用全面战争，建立一种自由所主要依托的秩序，这种秩序必须将政治性政府与社会领域中的自治性民主政治分离开。我们必须建立新的地方自治机构和自治性民主政治制度，以抵消战时显然不可避免的中央集权的官僚政府控制的日渐膨胀。我们还必须为即将到来的和平时期里自治社会领域的成长和对政府的限制寻找到核心点。

　　我们如何才能避免政府战时控制的政治危险呢？这一问题的答案，光依靠设计那种蓝图是不够的，虽然这一蓝图已经宣称说如何在紧急情况过去之后取消这种控制。诸如此类的计划当然只是一种纯粹理论上的。我们最好一开始就意识到，绝大部分新的控制措施和新的中央集权式官僚行政机构都会延续下去。我们首先必须尽量将这些控制措施的发展限制在适应战争效率的程度上，必须建立起一些新的地方自治机构，去从事更多的工作。其次，我们必须创立一些新的负责任的自治民主机构，即使是为了承担原有任务，以此来消解新的中央集权化并开创新的自由领域。

　　全面战争需要彻底中央集权化，这几乎已经成了一条绝对真理。然而，它却只是一条貌似正确的伪真理。只是在极权主义国家才是如此，那些国家必须彻底军事化，彻底中央集权，彻底控制，因为它们的人民几乎难以托付起丝毫责任。

　　极权主义者们难以承受任何形式的自治性民主政治。他们甚至在那些中性、无足轻重的社会领域里也难以容下一点点冷漠或宽容。但是，这种彻底极权主义的强制并不是力量的源泉，而是法西斯或纳粹制度的致命弱点之一。仅仅只是根据他们的经验，就得出结论说为了全面战争自由国家也必须完全中央集权，这是无视极权主义者与自由人民之间的基本区别：他们是奴隶，而我们是自由人。像我们今天正在发起的这种工业战争，并不需要中央集权的政府控制有多少扩张，根本无须从一种旧的方法以及政治和社会治理机构转变为一种新的方法和机构。

我们确实需要新的政治机构来管理消费和生产。但是，没有理由认为这些新的政治任务只能通过中央集权的、官僚主义的政府部门来完成。我们所需要的，只是采取集中的行动为新任务确定框架——例如，就像过去通过贴息和信用政策为任务确定框架那样。然而，任务本身所需要的是民主的自治性机构——这既是为了战时效率的原因，也是作为社会稳定和自由的条件。分权、民主自治以及独立自主的决策，就像集权政府的官僚部门一样，也完全是真正意义上的战时工业社会的一个组成部分。事实上，在当前条件下战时社会的效率，很大程度上取决于这种分权的、负责任的民主能在多大范围内得到动员。

我们时代的社会危机的核心事实在于，工业工厂已成为基本的社会单位，但还未能成为一种社会制度。与工厂有关的权力，无论是在工厂内部还是工厂之上，构成了社会治理的基础，也构成了工业世界的权力。中央集权的官僚政府，差不多已经将这一权力从以前的掌握者即公司管理层的手中成功夺取了过去。这一过程，在许多方面可以与欧洲16世纪和17世纪中央集权的官僚政府对地方贵族权力的瓦解相比；并且与那些地方贵族一样，公司管理层也是毫无抵抗的可能。

但是，如果中央集权的政府继续把持着这种社会权力，那么自由就无法得到维护，人们所能够畅想的最大希望就是指望一种"开明的"专制政治。而另一方面，如果恢复旧时的公司管理层的社会治理，社会就不能够发挥功能——假定这种恢复是根本可行的话。因此，要使一个社会既保持自由，又具备功能性，唯一可能的解决办法，就是将工厂发展成为民主自治性的社区。工业社会，只有在工厂赋予了其成员社会身份和社会功能的情况下，才能发挥功能成功运转。而且，只有当工厂内部的权力是基于其成员的责任和决策时，工业社会才可能是一个自由的社会。因此，今天的解决之道，既不在于整体性的计划，也不在于恢复 19世纪的自由放任，而在于将组织工业的基础置于地方和分权的自治性民主政治基础之上。而现在，正是将此付诸行动的最佳时机了，因为劳工与管理层双方、生产者和消费者双方，现在都紧密团结在同一个目标旗帜之下，那就是——获取这场战争的最终胜利。

译　后　记

　　彼得·德鲁克，作为现代管理学之父，在管理学的理论与实践界都有着崇高的影响和地位。但这么一位声誉卓著的管理学大师，却在半个多世纪以前，就写出了一部融经济与社会、历史与现实的"里程碑式"（张伯伦语）的社会政治哲学著作——《工业人的未来》。作者自己也认为这是自己"最得力之作"。

　　本书写于1942年，当时第二次世界大战正处于关键时刻，法西斯在欧洲气焰正盛，而作为当时唯一尚未正式卷入战争的工业大国——美国，对是否参战尚处于犹豫观望之中。当时还很年轻的德鲁克，却透过这一席卷全球的梦魇般的浩劫，看到了战争之于工业社会的另一面，看到作为极权主义顶峰的纳粹主义威胁的根源及其伪社会性与反社会性，昭示了作为工业社会内在问题的解决路径之一——极权主义路径的失败，以及自由主义路径的工业社会的必要性和可能性。德鲁克也预言到美国必然要参战，并且这次战后，美国借助其在工业体系中所建构的社会制度和物质资源方面的优势，必然成为工业国家的榜样，引导工业世界的新的自由的社会和政治秩序。

　　的确，工业社会以其巨大的物质技术力量，首先逐渐改变了人类生存与交往的基本方式，使人首先由统制主义下的普遍自足转换为依赖普遍的交换，也改变了古典重商主义时代单纯的商业领域的狭隘性，因为只有商业资本和工业资本、金融资本的结合所催生的真正的工业社会，才具备真正的物质技术力量，才能从根本上塑造出完全不同的社会生活与交往的秩序模式。但这种秩序模式本身也隐藏着颠覆秩序的危险，如果仅仅将工业社会的基础建立在经济的扩张之上，则必然使这种潜在的秩序颠覆爆发出来，而两次世界大战的爆发就是这种颠覆的强大注脚，显示出了工业社会的超经济性。这场战争胜利后，重新建构工业社会的路径不能是简单地恢复到战前的重商主义体制，当然更不能走导向法西斯极权主义的集权计划体制，人类必须找到一条新的完善的工业社会的道路，人类社会必须要在社会与政治层面给予充分的关注，并从社会政治层面给出一个超越纯粹经济效率维度的新的秩序基础。要在不丧失人类自由的前提下保证这一秩序顺畅流转。

这一重大主题实际上德鲁克分别在两本姊妹书中加以探讨。他的第1本书《经济人的末日》主要探讨第一个问题，即建立在纯粹经济维度、经济效率上的工业社会，虽然能带来物质的富足，却潜藏着巨大的人类风险。因此，在工业社会发展到一定阶段时，就必须将这一秩序基础转换到一个新的基础上来。由此由工业人来替代经济人，承担起转换中的新的工业社会的秩序建构使命，这就成为德鲁克撰写第2本书《工业人的未来》的内在思路。

而这种转换的根本目的，就在于人，可以说是为了人、实现人的全面价值。所以作为出生并成长于奥地利的德鲁克，其基调和目标都是自由的，为了自由和实现价值，人必须具有社会身份和社会功能。而一个社会要成就这种关于人的目标，必须具备功能性，同时为了避免本来必要的社会权力导向极权主义，这种决策性的权力就必须具有合法性，个体的社会身份与社会功能，社会的决定性权力的合法性，这就构成了本书主题的核心概念。

实际上德鲁克似乎也继承了所有奥地利学派的自由主义精髓，就像其他前前后后的奥地利学派大师如门格尔、米塞斯和哈耶克那样，对自由充满向往，为了实现自由而展开对国家主义、极权主义等不遗余力的批判。虽然德鲁克在对自由主义的维护上不像这些大师那样享有盛名，但也许这只是因为其管理学上的更大权威性掩盖了他在这一自由主义政治哲学领域的声望。但透过这部书，我们实际上可以一窥德鲁克的自由主义观，并且可以看到其和米塞斯、哈耶克等奥地利学派的自由主义巨匠们某些相似的风格，也可以看到他与另外一位以批判法国大革命中的极权主义而闻名的自由主义大师伯克的理论有某些契合。同时从他对各种学科理论知识游刃有余的把握上，可以看到他不愧为近代一位同样以知识渊博著称、地位非常独特而崇高的经济学大师——约瑟夫·熊彼特的高徒。

当然，由于作者意不在建构一种全面的学究式社会理论体系，也不在于撰写一本纯粹的学术著作，因此，德鲁克并没有对本书中的一些关键性概念比如身份、功能、合法性、重商主义等给出一种学术的严谨定义。作为译者，我们也不便在此将自己的理解加之读者，怕误导读者，还是让读者自己在阅读中体会把握。

但是在此，我们只是想要提醒一下读者少些误解的是，这几个概念德鲁克有着一些不同于我们现在一般认识的意义。比如"身份"这个词，它不同于梅恩爵士所说的近代社会是从身份社会到契约社会的进步中

"身份"的概念，梅恩的这种概念大致和我们中国现在普遍理解的比如说农民身份中的"身份"有点类似，是指那种与等级制和利益分配相关的个人的社会角色，具有贬义性。因此，作为一种近代化的特征，我们当然要打破这种等级身份，恢复人的平等自由。但是，德鲁克这里所强调的"身份"则持的是一种褒义的观点，强调更多的是每个人作为一种社会角色都必须得到社会的平等认可和对待，并且都具有自己的功能，在发挥这种功能的同时也就实现了自己的价值，体现了自己自由平等的社会身份。因此，社会必须赋予每个人以社会身份。

同样，对于重商主义这一词，德鲁克在序言中已经指出，他在此的意义接近于现在所谓的新保守主义的含义。所以读者在阅读的时候，不要将其理解为经济学中重农学派、亚当·斯密和李嘉图等所批判的作为约 15 世纪到 18 世纪末流行的经济学中的重商主义理论与政策体系，这种体系起初着重的是如何在国际贸易中尽量减少金属货币的流出而增加流入，后来又转变为至少在国际贸易中要保持贸易顺差。为了达到这些目的，国际就必须采取统制主义的政策主张进行严格的经济贸易干预。显然，主张自由的德鲁克的重商主义一词不是这个意思。

本书的翻译当然首先要感谢原书作者德鲁克教授给我们撰写了这么优秀的著作，还要感谢机械工业出版社华章公司向我们推介了这本著作并组织了出版发行等事宜。此外，还要感谢一位从未谋面的黄志强先生。该书的中文版，曾经在 2002 年由黄志强先生译出，上海人民出版社出版，在我们新的翻译过程中，也参考借鉴了黄先生的译作，在此表示深切感谢。

余向华

华章经典·管理

ISBN	书 名	价 格	作 者
978-7-111-59411-6	论领导力	50.00	（美）詹姆斯 G. 马奇 蒂里·韦尔
978-7-111-59308-9	自由竞争的未来	65.00	（美）C.K.普拉哈拉德 文卡特·拉马斯瓦米
978-7-111-41732-3	科学管理原理（珍藏版）	30.00	（美）弗雷德里克·泰勒
978-7-111-41814-6	权力与影响力（珍藏版）	39.00	（美）约翰 P. 科特
978-7-111-41878-8	管理行为（珍藏版）	59.00	（美）赫伯特 A. 西蒙
978-7-111-41900-6	彼得原理（珍藏版）	35.00	（美）劳伦斯·彼得 雷蒙德·赫尔
978-7-111-42280-8	工业管理与一般管理 （珍藏版）	35.00	（法）亨利·法约尔
978-7-111-42276-1	经理人员的职能（珍藏版）	49.00	（美）切斯特 I.巴纳德
978-7-111-53046-6	转危为安	69.00	（美）W.爱德华·戴明
978-7-111-42247-1	马斯洛论管理（珍藏版）	50.00	（美）亚伯拉罕·马斯洛 德博拉 C. 斯蒂芬斯 加里·海尔
978-7-111-42275-4	Z理论（珍藏版）	40.00	（美）威廉 大内
978-7-111-45355-0	戴明的新经济观	39.00	（美）W. 爱德华·戴明
978-7-111-42277-8	决策是如何产生的 （珍藏版）	40.00	（美）詹姆斯 G.马奇
978-7-111-52690-2	组织与管理	40.00	（美）切斯特·巴纳德
978-7-111-53285-9	工业文明的社会问题	40.00	（美）乔治·埃尔顿·梅奥
978-7-111-42263-1	组织（珍藏版）	45.00	（美）詹姆斯·马奇 赫伯特·西蒙

包子堂系列丛书

十年磨一剑，颠覆科特勒营销思想
从大量销售方式，到深度分销方式，未来属于社区商务方式……

书 号	书 名	定 价	作 者
978-7-111-59485-7	企业的本质	59.00	包政
978-7-111-59495-6	管理的本质	59.00	包政
978-7-111-50032-2	营销的本质	49.00	包政
978-7-111-50235-7	社区商务方式：小米全景案例	49.00	张兴旺
978-7-111-50160-2	社区商务方式：B2B企业案例	49.00	李序蒙
978-7-111-50603-4	深度分销方式	49.00	王霆 张文锋
978-7-111-50604-1	社区商务方式：传统企业互联网转型案例	49.00	张林先 张兴旺
978-7-111-50045-2	大量销售方式	49.00	张林先
978-7-111-50479-5	社区商务方式：丰田全景案例	49.00	郭威

德鲁克管理经典

编号	书号	书名	定价
	德鲁克管理经典		
1	978-7-111-28077-4	工业人的未来(珍藏版)	￥36.00
2	978-7-111-28075-0	公司的概念(珍藏版)	￥39.00
3	978-7-111-28078-1	新社会(珍藏版)	￥49.00
4	978-7-111-28074-3	管理的实践(珍藏版)	￥49.00
5	978-7-111-28073-6	管理的实践(中英文双语典藏版、珍藏版)	￥86.00
6	978-7-111-28072-9	成果管理(珍藏版)	￥46.00
7	978-7-111-28071-2	卓有成效的管理者(珍藏版)	￥30.00
8	978-7-111-28070-5	卓有成效的管理者(中英文双语 珍藏版)	￥40.00
9	978-7-111-28069-9	管理:使命.责任.实务(使命篇)(珍藏版)	￥60.00
10	978-7-111-28067-5	管理:使命.责任.实务(实务篇)(珍藏版)	￥46.00
11	978-7-111-28068-2	管理:使命.责任.实务(责任篇)(珍藏版)	￥39.00
12	978-7-111-28079-8	旁观者:管理大师德鲁克回忆录(珍藏版)	￥39.00
13	978-7-111-28066-8	动荡时代的管理(珍藏版)	￥36.00
14	978-7-111-28065-1	创新与企业家精神(珍藏版)	￥49.00
15	978-7-111-28064-4	管理前沿(珍藏版)	￥42.00
16	978-7-111-28063-7	非营利组织的管理(珍藏版)	￥36.00
17	978-7-111-28062-0	管理未来(珍藏版)	￥42.00
18	978-7-111-28061-3	巨变时代的管理(珍藏版)	￥42.00
19	978-7-111-28060-6	21世纪的管理挑战(珍藏版)	￥30.00
20	978-7-111-28059-0	21世纪的管理挑战(中英文双语典藏版、珍藏版)	￥42.00
21	978-7-111-28058-3	德鲁克管理思想精要(珍藏版)	￥46.00
22	978-7-111-28057-6	下一个社会的管理(珍藏版)	￥36.00
23	978-7-111-28080-4	功能社会:德鲁克自选集(珍藏版)	￥40.00
24	978-7-111-28517-5	管理(下册)(原书修订版)	￥49.00
25	978-7-111-28515-1	管理(上册)(原书修订版)	￥39.00
26	978-7-111-28359-1	德鲁克经典管理案例解析(原书最新修订版)	￥36.00
27	978-7-111-37733-7	卓有成效管理者的实践	￥36.00
28	978-7-111-44339-1	行善的诱惑	￥29.00
29	978-7-111-45029-0	德鲁克看中国与日本	￥39.00
30	978-7-111-46700-7	最后的完美世界	￥39.00
31	978-7-111-47543-9	管理新现实	￥39.00
32	978-7-111-48566-7	人与绩效:德鲁克管理精华	￥59.00
33	978-7-111-52122-8	养老金革命	￥39.00
34	978-7-111-54922-2	卓有成效的领导者:德鲁克52周教练指南	￥49.00
35	978-7-111-54065-6	已经发生的未来	￥39.00
36	978-7-111-56348-8	德鲁克论管理	￥39.00
	德鲁克论管理		
1	978-7-111-28076-7	大师的轨迹:探索德鲁克的世界	￥29.00
2	978-7-111-23177-6	德鲁克的最后忠告	￥36.00
3	978-7-111-27690-0	走近德鲁克	￥32.00
4	978-7-111-28468-0	德鲁克实践在中国	￥38.00
5	978-7-111-28462-8	德鲁克管理思想解读	￥49.00
6	978-7-111-28469-7	百年德鲁克	￥38.00
7	978-7-111-30025-0	德鲁克教你经营完美人生	￥26.00
8	978-7-111-35091-0	德鲁克论领导力:现代管理学之父的新教诲	￥39.00
9	978-7-111-45189-1	卓有成效的个人管理	￥29.00
10	978-7-111-45191-4	卓有成效的组织管理	￥29.00
11	978-7-111-45188-4	卓有成效的变革管理	￥29.00
12	978-7-111-45190-7	卓有成效的社会管理	￥29.00
13	978-7-111-44748-1	德鲁克的十七堂管理课	￥49.00
14	978-7-111-47266-7	德鲁克思想的管理实践	￥49.00
15	978-7-111-52138-9	英雄领导力:以正直和荣耀进行领导	￥45.00